네이티브가 **실전에서 바로 써먹는** 진짜 일본어 회화

GO! 독학

매일
딱10분만!

일본어

후지이 와카나 지음

상황표현

222

초판 1쇄 발행 2024년 3월 12일
개정 1쇄 발행 2026년 2월 9일

지은이 후지이 와카나
펴낸곳 (주)골드앤에스
펴낸이 양홍걸

홈페이지 japan.siwonschool.com
주소 서울시 영등포구 영신로 166 시원스쿨
교재 구입 문의 02)2014-8151
고객센터 02)6409-0878

ISBN 979-11-94687-37-5
Number 1-310201-18251821-09

저자의 말

안녕하세요. 후지이입니다.

「習うより慣れよ」라는 일본 속담을 아시나요? 사실 한국에도 비슷한 속담이 있어요. 한국어로는 '연습이 완벽함을 만든다'는 뜻이에요. 꾸준한 연습과 반복적인 훈련을 통해 익숙해지는 것이 습득이 빠르다는 의미이죠. 어학을 습득할 때 중요한 것은 익숙해지는 것이라고 생각해요.

'공부는 했는데 왜 자연스럽게 일본어를 내뱉지 못할까?'라고 느끼는 초급 학습자들이 많을 거예요. 그것은 배운 내용을 실제로 활용할 기회가 적기 때문이고, 활용할 기회가 없으니 당연히 익숙해질 수도 없다고 생각해요.

이 책의 특징은 적은 양부터 천천히 익숙해질 수 있다는 점이에요. 단어로 시작해서 단어와 단어를 연결하고, 그것이 조금씩 문장이 되어 가는 과정을 학습하는 것이죠. 아무리 어휘량이 많아도 그것의 활용 방법이나 같이 자주 사용하는 동사나 조사 등을 모르면 제대로 사용할 수 없어요.

이 책은 네이티브가 매일 쓰는 진짜 일본어 표현을 수록했어요. 여가 활동, 직장 생활, 연애, 다이어트, 맛집 탐방 등 다양하고 생생한 주제로 일본어를 보다 쉽고 재미있게 익힐 수 있어요. 특히 직장 상사, 선후배, 친구 사이 등 대상에 따라 누구와도 자연스럽게 대화할 수 있도록 반말과 존댓말 표현을 모두 담았어요. 통째로 외워서 일본인과 이야기할 때나 SNS에 글을 올릴 때 활용해 보세요.

마지막으로 제가 외국어를 공부했을 때 효과를 느낀 연습 방법을 말씀드리자면 음원을 들으며 문장을 몇 십번씩 소리 내어 읽고 외운 후, 제 목소리를 실제로 녹음하는 것이었어요. 녹음을 함으로써 스스로의 발음을 확인할 수도 있고 실제로 말할 때와 같은 긴장감도 느낄 수 있거든요. 이 책으로 꼭 일본어를 꾸준히 연습해서 일본어에 익숙해지기를 바랄게요.

皆さん、頑張ってください (여러분, 파이팅하세요)!

후지이 와카나

목차

슬기로운 여가 생활

썸, 연애의 모든 것

직장인의 기쁨 월급날

여자의 변신은 무죄

이렇게 만들었어요

1 네이티브가 매일 쓰는 일본어 상황 표현 222개를 담았어요!

'GO! 독학 일본어 표현' 시리즈는 일상 표현과 상황 표현, 총 **2권**으로 구성되어 있습니다. 식사, 운동, 쇼핑, 연애, 공부, 휴가, 캠핑, 병원 진료 등 다양하고 생생한 주제로 일본어를 보다 재미있고 자연스럽게 익힐 수 있습니다.

- 주제별 일상 표현
  + 호응 표현 222개

- 주제별 상황 표현
  + 호응 표현 222개

2 하루에 딱 11개 표현만 외우세요!

본 교재는 주제별로 하루에 11개 표현을 학습할 수 있도록 구성하였습니다. 하루에 정해진 표현을 20일간 집중하여 학습하면, 일본어 말하기 실력을 탄탄히 다질 수 있습니다.

✔ 하루에 11개 표현을 매일 학습하세요!
  단, 학습자의 성향에 맞게 학습 속도를 조절하시면 됩니다.

✔ 20일 동안 끝까지 한 번 학습했다면, 다시 처음으로 돌아가서 보고, 듣고, 읽고, 쓰면서 반복 학습해 보세요. 학습 효과를 극대화할 수 있어요.

③ 체계적이고 탄탄하게 학습해요!

총 6단계에 맞춰 학습과 복습을 반복하며 체계적이고 단계적으로 말하기 훈련을 할 수 있도록 설계했습니다.

1단계		2단계		3단계
주제별 단어 학습하기	▷	호응 표현으로 말문 트기	▷	말하고 직접 써 보기

4단계		5단계		6단계
대화문을 듣고 따라 말해 보기	▷	패턴 연습을 통해 응용해 보기	▷	연습 문제로 최종 점검하기

④ 이 순서대로 학습해요!

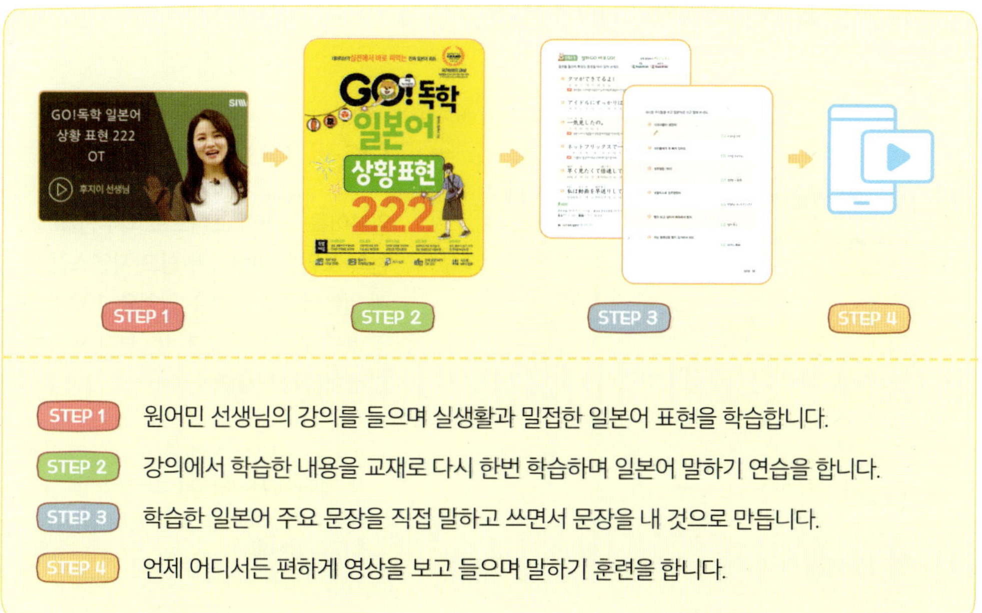

STEP 1	원어민 선생님의 강의를 들으며 실생활과 밀접한 일본어 표현을 학습합니다.
STEP 2	강의에서 학습한 내용을 교재로 다시 한번 학습하며 일본어 말하기 연습을 합니다.
STEP 3	학습한 일본어 주요 문장을 직접 말하고 쓰면서 문장을 내 것으로 만듭니다.
STEP 4	언제 어디서든 편하게 영상을 보고 들으며 말하기 훈련을 합니다.

# 이 책을 효과적으로 학습하는 방법 

 **주제별 단어로 혼자서도 충분하다!**

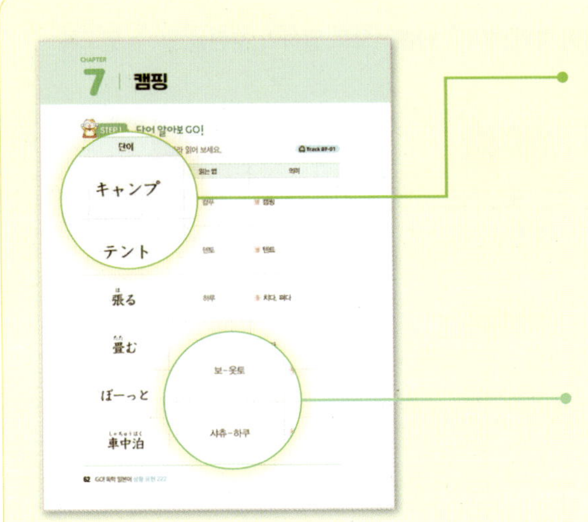

단어 알아보GO!

학습의 편의를 위해 일상 생활에서 꼭 필요한 일본어 단어만을 모아 주제별로 정리했어요. 일본어 단어의 읽는 법과 뜻을 참고하여 일본어 단어를 빠르게 익혀 보세요.

실제 일본어 발음과 가장 가까운 발음 표기로 왕초보 학습자들도 쉽고 정확하게 학습할 수 있어요.

2단계 **덩어리 표현으로 빠르게 어휘력을 늘린다!**

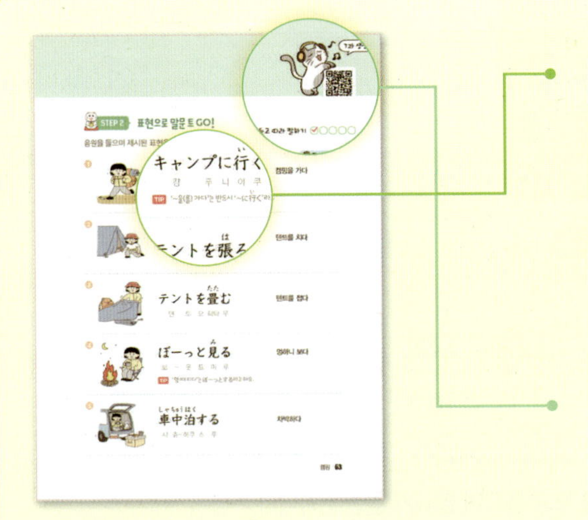

표현으로 말문 트GO!

일본어를 덩어리 표현으로 외우면 표현의 쓰임을 이해하기 쉽고 자연스럽게 일본어를 습득할 수 있어요. 100개의 호응 표현으로 일본어를 보다 재미있게 학습해 보세요.

각 챕터에 제시된 QR 코드를 스캔하면 언제 어디서든 편하게 음원을 들을 수 있어요.

쓰고 말할 수 있어야 진정 내 것이 된다!

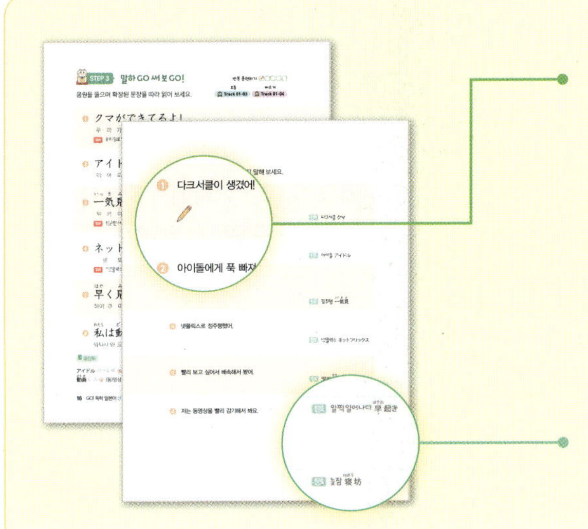

말하GO 써보GO!

앞에서 학습한 호응 표현을 문장으로 자연스럽게 익혀 보세요. 단어나 덩어리 표현이 문장에서 어떻게 활용되는지 한눈에 볼 수 있어 이해하기가 쉬워요. 그런 후에는 직접 말하고 써 보면서 문장을 완전히 숙지하세요.

힌트 단어를 참고해서 문장을 쓰고 말해 보세요.

하루 10분이면 일본인과 말할 수 있다!

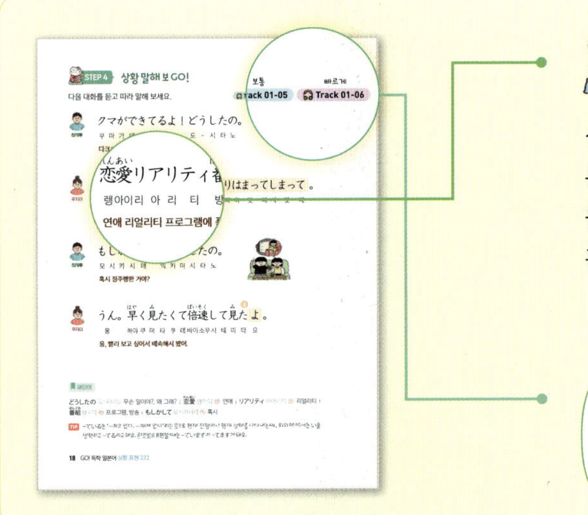

상황 말해 보GO!

실생활에서 자주 쓰는 활용도 높은 일본어 회화 표현을 담았어요. 하고 싶은 말을 자유롭게 하며 일본어 말하기 훈련을 해 보세요.

보통 속도와 빠르게 속도의 원어민 MP3 음원으로 말하기 훈련을 할 수 있어요.

 **5단계** 하나를 알면 열을 안다!

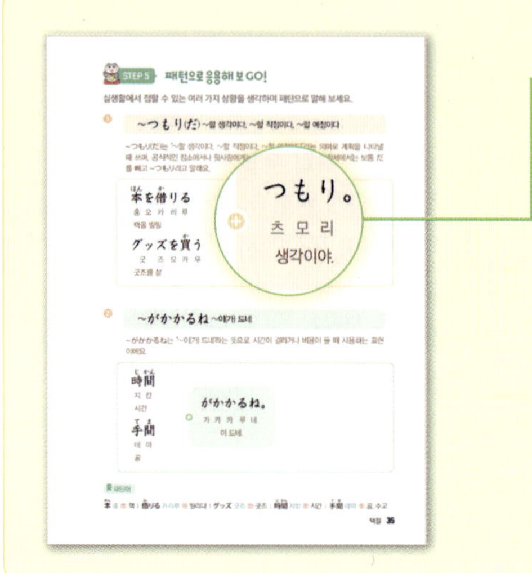

패턴으로 응용해 보GO!

표현만 쏙쏙 바꿔 말하면 일본어가 술술 나와요. 다양한 상황에서 자유롭게 일본어 문장을 응용해서 말해 보세요.

 **6단계** 연습만이 살길이다!

연습 문제로 실력 다지GO!

듣기, 말하기, 읽기, 쓰기 모든 영역을 아우르는 다양한 연습 문제를 풀어 보며 자신의 실력을 최종 확인할 수 있어요.

아낌없이 주는 알찬 부가 자료

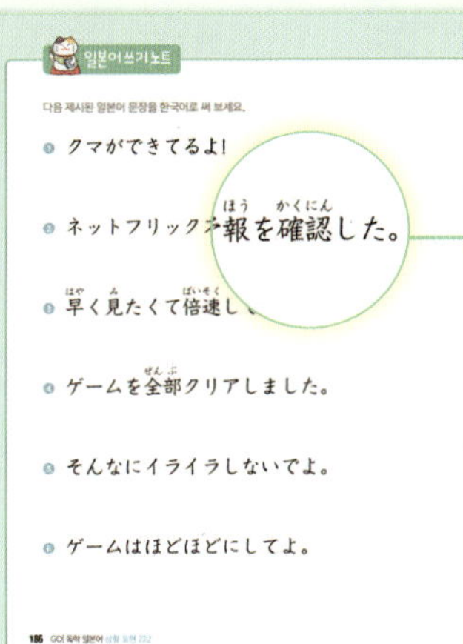

 **일본어 쓰기 노트**

60개의 핵심 문장을 꾸준히 쓰면서 훈련하는 나만의 일본어 쓰기 노트예요. 직접 써 봄으로써 일본어 학습의 재미를 한층 더 느껴 보세요.

말하기 트레이닝 영상

통암기가 가능한 말하기 트레이닝 영상으로 반복 훈련하며 실력을 한 단계 업그레이드해 보세요.

유튜브에 'GO! 독학 일본어 상황 표현 222'를 검색하여 시청 가능해요.

속도별 MP3 음원

자신의 수준에 맞게 학습할 수 있도록 보통 속도와 빠르게 속도의 원어민 MP3 음원을 제공해요. 보통 속도로 들어 보며 원어민의 정확한 발음을 따라 연습해 보고, 빠르게 속도로 들어 보며 실제 원어민의 속도에 가깝게 말하기 훈련을 해 보세요.

시원스쿨 일본어(japan.siwonschool.com) 홈페이지 로그인 ▶ 학습지원센터 ▶ 공부자료실 ▶ 도서명 검색한 후 무료로 다운로드 가능합니다.

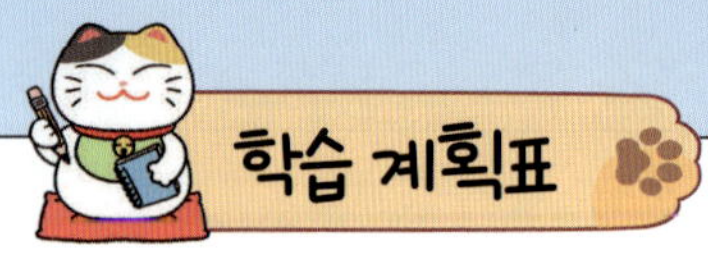

🐾 20일 학습 플랜

일차		학습 내용	학습 날짜
1주	1일	정주행	월 / 일
	2일	게임	/
	3일	덕질	/
	4일	애니메이션	/
	5일	사진	/
2주	6일	맛집	/
	7일	캠핑	/
	8일	반려견	/
	9일	미팅	/
	10일	썸	/
3주	11일	연애	/
	12일	이별	/
	13일	월급	/
	14일	휴가	/
	15일	회식	/
4주	16일	퇴사	/
	17일	헤어 스타일	/
	18일	퍼스널 컬러	/
	19일	병원	/
	20일	다이어트	/

🐾 40일 학습 플랜

일차	1일	2일	3일	4일
학습 내용	정주행		게임	
학습 날짜	월 / 일	/	/	/
일차	5일	6일	7일	8일
학습 내용	덕질		애니메이션	
학습 날짜	/	/	/	/
일차	9일	10일	11일	12일
학습 내용	사진		맛집	
학습 날짜	/	/	/	/
일차	13일	14일	15일	16일
학습 내용	캠핑		반려견	
학습 날짜	/	/	/	/
일차	17일	18일	19일	20일
학습 내용	미팅		썸	
학습 날짜	/	/	/	/
일차	21일	22일	23일	24일
학습 내용	연애		이별	
학습 날짜	/	/	/	/
일차	25일	26일	27일	28일
학습 내용	월급		휴가	
학습 날짜	/	/	/	/
일차	29일	30일	31일	32일
학습 내용	회식		퇴사	
학습 날짜	/	/	/	/
일차	33일	34일	35일	36일
학습 내용	헤어 스타일		퍼스널 컬러	
학습 날짜	/	/	/	/
일차	37일	38일	39일	40일
학습 내용	병원		다이어트	
학습 날짜	/	/	/	/

1 | 정주행

 STEP 1 단어 알아보 GO!

음원을 들으며 제시된 단어를 따라 읽어 보세요.　🎧 Track 01-01

단어	읽는 법	의미
クマ	쿠마	명 다크서클
できる	데키루	동 생기다
すっかり	슥카리	부 푹, 완전히
はまる	하마루	동 빠지다
一気見	익키미	명 정주행
倍速	바이소쿠	명 배속
早送り	하야오쿠리	명 빨리 감기, 보통 속도보다 빨리 앞으로 돌림

STEP 2　표현으로 말문 트 GO!

듣고 따라 말하기 ☑○○○○

음원을 들으며 제시된 표현을 따라 읽어 보세요.

🎧 **Track 01-02**

---

① 

クマができる

쿠 마 가 데 키 루

다크서클이 생기다

---

② 

すっかりはまる

슷 카 리 하 마 루

푹 빠지다

TIP はまる는 가타카나로 ハマる라고 표기하는 경우도 많아요.

---

③ 

いっ き み
一気見する

익 키 미 스 루

정주행하다

---

④ 

ばいそく
倍速する

바이 소쿠 스 루

배속하다

---

⑤ 

はやおく
早送りする

하야 오쿠 리 스 루

빨리 감기하다

음원을 들으며 확장된 문장을 따라 읽어 보세요.

1 クマができてるよ！

쿠 마 가 데 키 테 루 요

TIP 우리말로 '다크서클이 생겼어'는 과거형으로 표현하지만 일본어로는 현재 진행형으로 표현해요.

2 アイドルにすっかりはまっています。

아 이 도 루 니 슥 카 리 하 맛 테 이 마 스

3 一気見したの。

익 키 미 시 타 노

TIP 친한 사이에 질문할 때 문장 끝에 の를 붙이면 부드럽게 질문하는 뉘앙스를 줘요.

4 ネットフリックスで一気見しました。

넷 토 후 릭 쿠 스 데 익 키 미 시 마 시 타

TIP '넷플릭스'를 줄여서 ネトフリ라고도 많이 말해요.

5 早く見たくて倍速して見たよ。

하야 쿠 미 타 쿠 테 바이소쿠 시 테 미 타 요

6 私は動画を早送りして見ます。

와타시 와 도- 가 오 하야오쿠 리 시 테 미 마 스

📗 새단어

アイドル 아이도루 (명) 아이돌 | ネットフリックス 넷토후릭쿠스 (명) 넷플릭스 | 早く 하야쿠 (부) 빨리 |
見る 미루 (동) 보다 | 動画 도-가 (명) (통)영상

제시된 우리말을 보고 일본어로 쓰고 말해 보세요.

① 다크서클이 생겼어!

② 아이돌에게 푹 빠져 있어요.

③ 정주행한 거야?

④ 넷플릭스로 정주행했어.

⑤ 빨리 보고 싶어서 배속해서 봤어.

⑥ 저는 동영상을 빨리 감기해서 봐요.

다음 대화를 듣고 따라 말해 보세요.

보통 🎧 Track 01-05　　빠르게 🎧 Track 01-06

리쿠

クマができてるよ！どうしたの。

쿠 마 가 데 키 테 루 요　도 - 시 타 노

다크서클이 생겼어! 무슨 일이야?

와카나

恋愛リアリティ番組に すっかりはまってしまって 。①

렝아이리 아 리 티 방구미니 슥 카 리 하 맛 테시 맛 테

연애 리얼리티 프로그램에 푹 빠져 버려서.

리쿠

もしかして、一気見したの。

모 시 카 시 테　익 키 미 시 타 노

혹시 정주행한 거야?

와카나

うん。早く見たくて倍速して見たよ。②

웅　하야 쿠 미 타 쿠 테 바이소쿠시 테 미 타 요

응, 빨리 보고 싶어서 배속해서 봤어.

📗 새단어

どうしたの 도-시타노 무슨 일이야?, 왜 그래? ┃ 恋愛 렝아이 몡 연애 ┃ リアリティ 리아리티 몡 리얼리티 ┃ 番組 방구미 몡 프로그램, 방송 ┃ もしかして 모시카시테 뷔 혹시

TIP ~ている는 '~하고 있다, ~해져 있다'라는 뜻으로 현재 진행이나 현재 상태를 나타내는데, 회화체에서는 보통 い를 생략하고 ~てる라고 해요. 존댓말로 표현할 때는 ~ています가 ~てます가 돼요.

 **STEP 5** 패턴으로 응용해 보 GO!

실생활에서 접할 수 있는 여러 가지 상황을 생각하며 패턴으로 말해 보세요.

① すっかりはまってしまって 푹 빠져 버려서

すっかりはまってしまって는 '푹 빠져 버려서'라는 뜻으로 사물이나 음식 등 어떤 분야에 심취하거나 몰입했을 때 쓰는 표현이에요.

日本のドラマに
니 홍 노 도 라 마 니
일드에

このお菓子に
코 노 오 카 시 니
이 과자에

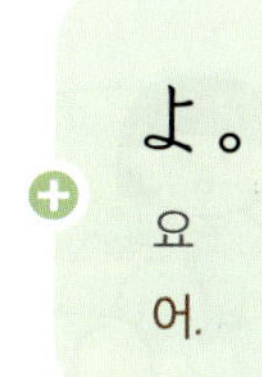

すっかりはまってしまって。
슥 카 리 하 맛 테 시 맛 테
푹 빠져 버려서.

② ～よ 강조하거나 정보 전달할 때 사용

문장 끝에 붙는 よ는 말을 강조하거나 상대방이 모르는 것을 알려줄 때 사용하는 표현이에요.

この番組はスマホで見た
코 노 방구미 와 스 마 호 데 미 타
이 프로그램은 스마트폰으로 봤

この映画は公開日に見た
코 노 에- 가 와 코-카이 비 니 미 타
이 영화는 개봉일에 봤

よ。
요
어.

📗 **새단어**

日本 니홍 [지명] 일본 ｜ ドラマ 도라마 🅜 드라마 ｜ お菓子 오카시 🅜 과자 ｜ スマホ 스마호 🅜 스마트폰 ｜
映画 에-가 🅜 영화 ｜ 公開日 코-카이비 🅜 개봉일

1 음원을 듣고 빈칸에 들어갈 알맞은 말을 써 보세요.　　🎧 Track 01-07

❶

❷

2 음원을 듣고 아래의 내용이 맞으면 O, 틀리면 X 표시해 보세요.　　🎧 Track 01-08

❶ 여자는 일드에 푹 빠졌다.

❷ 여자는 프로그램을 정주행했다.

3 보기를 보고 빈칸에 들어갈 알맞을 말을 찾아 써 보세요.

보기

すっかり　　クマ　　倍速（ばいそく）　　一気見（いっきみ）

❶ 

　　　　　ができる

다크서클이 생기다

❷

　　　　　はまる

푹 빠지다

1
ネットフリックスで 　　　　　　　　　　　。

넷플릭스로 정주행했어.

2
早<ruby>く<rt>はや</rt></ruby>見<ruby>たくて<rt>み</rt></ruby> 　　　　　　　　　　　。

早く見たくて

빨리 보고 싶어서 배속해서 봤어.

5 빈칸에 들어갈 알맞은 말을 쓰고 말해 보세요.

1
クマができてるよ！＿＿＿＿＿＿＿＿＿。

다크서클이 생겼어! 무슨 일이야?

＿＿＿＿＿＿＿＿にすっかりはまってしまって。

연애 리얼리티 프로그램에 푹 빠져 버려서.

2
＿＿＿＿＿＿＿＿、一気見したの。

혹시 정주행한 거야?

うん。＿＿＿＿＿＿＿＿倍速して見たよ。

응, 빨리 보고 싶어서 배속해서 봤어.

정답 p176

2 | 게임

 **STEP 1** 단어 알아보 GO!

음원을 들으며 제시된 단어를 따라 읽어 보세요.　🎧 **Track 02-01**

단어	읽는 법	의미
クリア	쿠리아	명 클리어
イライラ	이라이라	명 짜증
か きん 課金	카킹	명 현질(게임 아이템 현금 구매), 과금(가격을 부과하는 것)
ほどほどに	호도호도니	부 적당히
アイテム	아이테무	명 아이템
て 手	테	명 손
い 入れる	이레루	동 넣다

STEP 2 표현으로 말문 트 GO!

듣고 따라 말하기 ☑◯◯◯◯

🎧 Track 02-02

음원을 들으며 제시된 표현을 따라 읽어 보세요.

① 

クリアする
쿠 리 아 스 루

깨다, 클리어하다

---

② 

イライラする
이 라 이 라 스 루

짜증나다, 짜증내다

TIP イライラする는 생각대로 되지 않아서 초조하거나 불안할 때 사용하는 표현이에요.

---

③ 

か きん
課金する
카 킨 스 루

현질하다, 과금하다

---

④ 

ほどほどにする
호 도 호 도 니 스 루

적당히 하다, 정도껏 하다

---

⑤ 

て　　　　い
アイテムを手に入れる　아이템을 손에 넣다
아 이 테 무 오 테 니 이 레 루

게임　**23**

STEP 3 ▸ 말하GO 써 보GO!

음원을 들으며 확장된 문장을 따라 읽어 보세요.

① ゲームを全部クリアしました。

게 - 무 오 젬 부 쿠 리 아 시 마 시 타

② 全然クリアできない。

젠 젱 쿠 리 아 데 키 나 이

> **TIP** 동사의 부정은 ~ない라고 하며, 정중체로는 ~ないです라고 해요.

③ そんなにイライラしないでよ。

손 나 니 이 라 이 라 시 나 이 데 요

> **TIP** 동사ない형+で는 '~하지 마'라는 뜻으로 반말의 금지 표현이에요.

④ アイテム課金しようかな。

아 이 테 무 카 킨 시 요 - 카 나

⑤ ゲームはほどほどにしてよ。

게 - 무 와 호 도 호 도 니 시 테 요

> **TIP** ~て는 '~해, ~해 줘'라는 뜻으로 친한 사이에 명령하거나 요구할 때 사용해요.

⑥ アイテムをやっと手に入れたよ。

아 이 테 무 오 얏 토 테 니 이 레 타 요

🟩 새단어

ゲーム 게-무 ^명 게임 | 全部 젬부 ^명 전부 | 全然 젠젱 ^부 전혀 | できる 데키루 ^동 할 수 있다 |

そんなに 손나니 ^부 그렇게 | やっと 얏토 ^부 겨우, 간신히

제시된 우리말을 보고 일본어로 쓰고 말해 보세요.

1 게임을 전부 깼어요.

✏️

2 전혀 못 깨겠어.

3 그렇게 짜증내지 마.

4 아이템 현질할까.

5 게임은 적당히 해.

6 아이템을 겨우 손에 넣었어.

다음 대화를 듣고 따라 말해 보세요.

보통 🎧 Track 02-05　　빠르게 🎧 Track 02-06

하루토

このステージ、全然クリアできない。
コ노스테-지　젠젱쿠리아데키나이
이 스테이지, 전혀 못 깨겠어.

미나

そんなにイライラしないでよ。
손　나니이라이라시나이데요
그렇게 짜증내지 마.

하루토

アイテム課金しよう かな 。
아이테무카킨시요-카나
아이템 현질할까.

미나

ねー、ほどほどにしてよ。
네-　호도호도니시테요
야, 적당히 해.

🔖 새단어

ステージ 스테-지 ⑱ 스테이지, 단계 | ねー 네- 야, 저기, 있잖아

실생활에서 접할 수 있는 여러 가지 상황을 생각하며 패턴으로 말해 보세요.

❶ **～かな ～할까?**

동사의 의지형+かな는 '～할까?'라는 뜻으로 무언가를 할까 말까 생각하거나 망설일 때 사용해요.

❷ **ねー 야, 저기, 있잖아**

ねー는 '야, 저기, 있잖아'라는 뜻으로 친한 친구 사이에 편하게 부를 때 쓰는 표현이에요. ねー를 ねえ라고 표기하기도 해요.

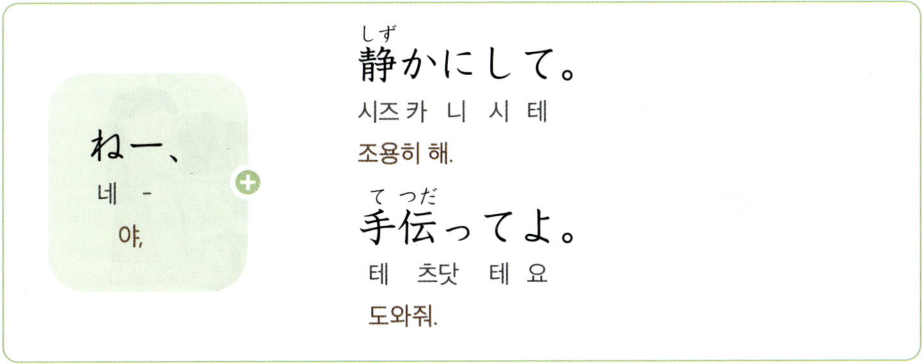

📗 **새단어**

そろそろ 소로소로 (부) 슬슬 | 寝る 네루 (동) 자다 | 少し 스코시 (부) 좀 | 休む 야스무 (동) 쉬다 | 静かに 시즈카니 (부) 조용히, 고요히 | 手伝う 테츠다우 (동) 도와주다

연습 문제로 실력 다지GO!

1 음원을 듣고 빈칸에 들어갈 알맞은 말을 써 보세요. 　🎧 Track 02-07

①

②

2 음원을 듣고 아래의 내용이 맞으면 O, 틀리면 X 표시해 보세요. 　🎧 Track 02-08

① 남자는 스테이지 최고 기록을 경신했다.

② 남자는 아이템을 구매할지 고민 중이다.

3 보기를 보고 빈칸에 들어갈 알맞을 말을 찾아 써 보세요.

보기

| クリア | イライラ | 課金（かきん） | ほどほどに |

する

짜증나다, 짜증내다

する

적당히 하다, 정도껏 하다

 빈칸에 들어갈 알맞은 표현을 써 보세요.

❶ 

ゲームを全部　　　　　　　　　　　　　　　　　。

게임을 전부 깼어요.

❷ 

　　　　　　　　　　　　　手に入れたよ。

아이템을 겨우 손에 넣었어.

 빈칸에 들어갈 알맞은 말을 쓰고 말해 보세요.

❶  このステージ、＿＿＿＿＿＿＿＿＿＿＿＿＿。

이 스테이지, 전혀 못 깨겠어.

そんなに＿＿＿＿＿＿＿＿＿＿＿よ。

그렇게 짜증내지 마.

❷  アイテム＿＿＿＿＿＿＿＿＿＿＿。

아이템 현질할까.

ねー、＿＿＿＿＿＿＿＿＿＿＿＿よ。

야, 적당히 해.

정답 p176

3 | 덕질

 **STEP 1** 단어 알아보 GO!

음원을 들으며 제시된 단어를 따라 읽어 보세요.　🎧 **Track 03-01**

단어	읽는 법	의미
全通 (ぜん つう)	젠츠–	명 전부 참석, 올콘(콘서트 일정을 다 가는 것)
チケット	치켓토	명 티켓
取る (と)	토루	동 잡다, (자기 것으로) 차지하다
譲る (ゆず)	유즈루	동 양도하다, 양보하다
お金 (かね)	오카네	명 돈
かかる	카카루	동 (시간이나 비용이) 들다
ペンライト	펜라이토	명 야광봉
振る (ふ)	후루	동 흔들다

 표현으로 말문 트 GO!

듣고 따라 말하기 ☑◯◯◯◯

음원을 들으며 제시된 표현을 따라 읽어 보세요.

🎧 **Track 03-02**

① 

ぜんつう
全通する

젠 츠— 스 루

전부 참석하다, 올콘 뛰다

TIP 全通는 全部通う의 줄임말이에요. 줄임말이 되면서 通의 읽는 법이 달라지기 때문에 발음할 때 주의해야 해요.

② 

と
チケットを取る

치 켓 토 오 토 루

티켓을 사다

TIP チケットを取る는 '티켓을 사는 것'뿐만 아니라 '자리를 잡는다'는 뜻도 포함되어 있어요. チケットを買う라고 해야 단순히 '티켓을 사는 것'을 의미해요.

③ 

ゆず
チケットを譲る

치 켓 토 오 유즈 루

티켓을 양도하다

④ 

かね
お金がかかる

오 카네 가 카 카 루

돈이 들다

⑤ 

ふ
ペンライトを振る

펜 라 이 토 오 후 루

야광봉을 흔들다

음원을 들으며 확장된 문장을 따라 읽어 보세요.

① コンサート全通_{ぜんつう}したいよ。

콘 사 - 토 젠 츠 - 시 타 이 요

② チケットを取<sub>と</sub >っておきました。

치 켓 토 오 톳 테 오 키 마 시 타

TIP ~ておく는 '~해 두다, ~해 놓다'라는 뜻이에요.

③ チケットを取_とるの難_{むずか}しくない。

치 켓 토 오 토 루 노 무즈카시 쿠 나 이

④ ライブのチケットを譲_{ゆず}ってください。

라 이 부 노 치 켓 토 오 유즈 테 쿠 다 사 이

TIP ~てください는 '~해 주세요'라는 뜻이며, 반말로 말할 때는 ください를 빼고 て라고만 말하면 돼요.

⑤ チケットを買_かうのはお金_{かね}がかかるね。

치 켓 토 오 카 우 노 와 오 카네 가 카 카 루 네

TIP 말끝에 붙는 ね는 '~네, ~구나'라는 뜻으로 말을 부드럽게 만들거나 상대방에게 공감이나 동의를 구할 때 사용하는 표현이에요.

⑥ ペンライトを振_ふって応援_{おうえん}します。

펜 라 이 토 오 훗 테 오 - 엔 시 마 스

📗 새단어

コンサート 콘사-토 （명）콘서트 ｜ おく 오쿠 （동）두다, 놓다 ｜ 難_{むずか}しい 무즈카시- （형）어렵다 ｜ ライブ 라이부 （명）라이브 ｜ 買_かう 카우 （동）사다 ｜ 応援_{おうえん}する 오-엔스루 （동）응원하다

제시된 우리말을 보고 일본어로 쓰고 말해 보세요.

1. 콘서트 올콘 뛰고 싶어.

   힌트 콘서트 コンサート

2. 티켓을 사 두었어요.

   힌트 티켓 チケット

3. 티켓을 사는 거 어렵지 않아?

   힌트 어렵다 難しい

4. 라이브 티켓을 양도해 주세요.

   힌트 라이브 ライブ

5. 티켓을 사는 것은 돈이 드네.

   힌트 돈 お金

6. 야광봉을 흔들어서 응원해요.

   힌트 야광봉 ペンライト

STEP 4 상황 말해 보 GO!

다음 대화를 듣고 따라 말해 보세요.

보통 🎧 Track 03-05 빠르게 🎧 Track 03-06

미나

今回のコンサート全通したいよ。

콩 카이노 콘 사 - 토 젠 츠-시 타 이 요

이번 콘서트 올콘 뛰고 싶어.

하루토

チケットを取るの難しくない。

치 켓 토 오 토 루 노 무즈카시 쿠 나 이

티켓을 사는 거 어렵지 않아?

미나

うん。でも、チケットを譲ってもらう つもり 。

웅 데 모 치 켓 토 오 유즛 테 모 라 우 츠 모 리

응. 하지만 티켓을 양도해 받을 생각이야.

하루토

お金 がかかるね。

오 카네 가 카 카 루 네

돈이 드네.

🔖 새단어

今回 콩카이 명 이번, 금번 ｜ でも 데모 접 하지만, 그래도 ｜ もらう 모라우 동 받다, 얻다 ｜
つもり 츠모리 명 생각, 작정

패턴으로 응용해 보 GO!

실생활에서 접할 수 있는 여러 가지 상황을 생각하며 패턴으로 말해 보세요.

① **~つもり(だ)** ~할 생각이다, ~할 작정이다, ~할 예정이다

~つもり(だ)는 '~할 생각이다, ~할 작정이다, ~할 예정이다'라는 의미로 계획을 나타낼 때 쓰며, 공식적인 장소에서나 윗사람에게는 사용하지 않아요. 또한 회화체에서는 보통 だ를 빼고 ~つもり라고 말해요.

② **~がかかるね** ~이(가) 드네

~がかかるね는 '~이(가) 드네'라는 뜻으로 시간이 걸리거나 비용이 들 때 사용하는 표현이에요.

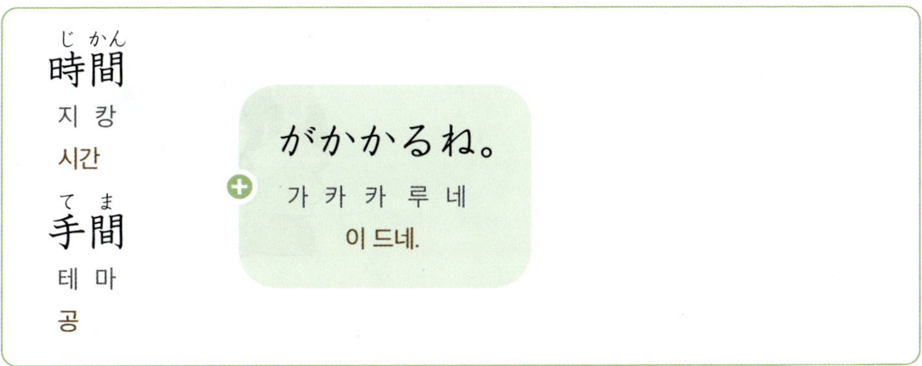

새단어

本 홍 몡 책 | 借りる 카리루 동 빌리다 | グッズ 굿즈 몡 굿즈 | 時間 지캉 몡 시간 | 手間 테마 몡 공, 수고

STEP 6 연습 문제로 실력 다지GO!

1 음원을 듣고 빈칸에 들어갈 알맞은 말을 써 보세요.　　🎧 Track 03-07

①

②

2 음원을 듣고 아래의 내용이 맞으면 O, 틀리면 X 표시해 보세요.　　🎧 Track 03-08

① 여자는 이번 콘서트에 가고 싶어 하지 않는다.

② 여자는 티켓을 양도해 받을 생각이다.

3 보기를 보고 빈칸에 들어갈 알맞을 말을 찾아 써 보세요.

보기

ペンライト　　全^{ぜんつう}通　　取^とる　　チケット

　　　　　　　する

전부 참석하다, 올콘 뛰다

　　　　　　　を振^ふる

야광봉을 흔들다

4 빈칸에 들어갈 알맞은 표현을 써 보세요.

1 チケットを　　　　　　　　　　　　　　　。

티켓을 사 두었어요.

2 ライブのチケットを　　　　　　　　　　　。

라이브 티켓을 양도해 주세요.

5 빈칸에 들어갈 알맞은 말을 쓰고 말해 보세요.

1 今回のコンサート＿＿＿＿＿＿＿＿＿＿。

이번 콘서트 올콘 뛰고 싶어.

＿＿＿＿＿＿＿＿＿＿＿難しくない。

티켓을 사는 거 어렵지 않아?

2 うん。でも、＿＿＿＿＿＿＿もらうつもり。

응. 하지만 티켓을 양도해 받을 생각이야.

＿＿＿＿＿＿＿＿＿＿ね。

돈이 드네.

정답 p177

4 | 애니메이션

STEP 1 단어 알아보 GO!

음원을 들으며 제시된 단어를 따라 읽어 보세요.

🎧 Track 04-01

단어	읽는 법	의미
じっしゃか 実写化	짓샤카	명 실사화
される	사레루	동 되다(する의 수동형)
わだい 話題	와다이	명 화제
なる	나루	동 되다
ぜっさん 絶賛	젯산	명 극찬, 절찬
ネタバレ	네타바레	명 스포, 스포일러
あり	아리	명 있음

STEP 2 표현으로 말문 트 GO!

듣고 따라 말하기 ☑〇〇〇〇

음원을 들으며 제시된 표현을 따라 읽어 보세요.

🎧 Track 04-02

① 

じっしゃか
実写化される
짓 샤 카 사 레 루

TIP '실사화하다'는 実写化する라고 해요.

실사화 되다

---

② 

わだい
話題になる
와 다이 니 나 루

화제가 되다

---

③ 

ぜっさん
絶賛する
젯 산 스 루

극찬하다, 절찬하다

---

④ 

ネタバレする
네 타 바 레 스 루

스포하다

---

⑤ 

ネタバレあり
네 타 바 레 아 리

스포 있음

말하 GO 써 보 GO!

반복 훈련하기 ☑〇〇〇〇

음원을 들으며 확장된 문장을 따라 읽어 보세요.

보통 **Track 04-03**　빠르게 **Track 04-04**

1 アニメが実写化されました。
아 니 메 가 짓 샤 카 사 레 마 시 타

TIP される는 동사 する의 수동형으로 '~되다, ~되어지다, ~당하다' 등으로 해석할 수 있어요.

2 実写化された映画は好きじゃない。
짓 샤 카 사 레 타 에- 가 와 스 키 쟈 나 이

TIP な형용사의 부정은 ~じゃない 또는 ~ではない로 표현할 수 있는데, 회화체에서는 ~じゃない를 더 많이 사용해요.

3 その映画、話題になってますよね。
소 노 에- 가 　 와 다 이 니 낫 테 마 스 요 네

TIP ~よね는 '~죠, ~지'라는 질문 형태로 상대방에게 확인과 동의를 동시에 구하는 표현이에요.

4 原作者も絶賛していますよ。
겐 사 쿠 샤 모 젯 산 시 테 이 마 스 요

5 ネタバレしないでください！
네 타 바 레 시 나 이 데 쿠 다 사 이

6 ネタバレするのは絶対禁止だよ。
네 타 바 레 스 루 노 와 젯 타 이 킨 시 다 요

📗 **새단어**

アニメ 아니메 명 애니메이션 | 好きだ 스키다 형 좋아하다 | 原作者 겐사쿠샤 명 원작자 | 絶対 젯타이 부 절대(로) |
禁止 킨시 명 금지

제시된 우리말을 보고 일본어로 쓰고 말해 보세요.

1 애니메이션이 실사화 됐어요.

2 실사화 된 영화는 좋아하지 않아.

3 그 영화 화제가 되고 있죠?

4 원작자도 극찬하고 있어요.

5 스포하지 마세요!

6 스포하는 것은 절대 금지야.

상황 말해 보 GO!

다음 대화를 듣고 따라 말해 보세요.

보통
🎧 Track 04-05

빠르게
🎧 Track 04-06

와카나

好きなアニメが実写化されました。

스 키 나 아 니 메 가 짓 샤 카 사 레 마 시 타

좋아하는 애니메이션이 실사화 됐어요.

소우타

あ！ 最近、話題になってますよね。①

아 사이 킹 와 다이 니 낫 테 마 스 요 네

아! 요즘 화제가 되고 있죠.

와카나

原作者も絶賛していますよ。結末が……

겐 사쿠 샤 모 젯 산 시 테 이 마 스 요 케츠마츠 가……

원작자도 극찬하고 있어요. 결말이……

소우타

え、ネタバレしないでください！②

에 네 타 바 레 시 나 이 데 쿠 다 사 이

어, 스포하지 마세요!

📗 **새단어**

最近 시이킹 ⑲ 요즘, 최근 | 結末 케츠마츠 ⑭ 결말

실생활에서 접할 수 있는 여러 가지 상황을 생각하며 패턴으로 말해 보세요.

❶ 〜になってますよね 〜이(가) 되고 있죠

〜になってますよねは '〜이(가) 되고 있죠'라는 뜻으로 사람의 의지와 상관없이 자연적으로 어떠한 상태가 다른 상태로 변화할 때 쓰는 표현이에요.

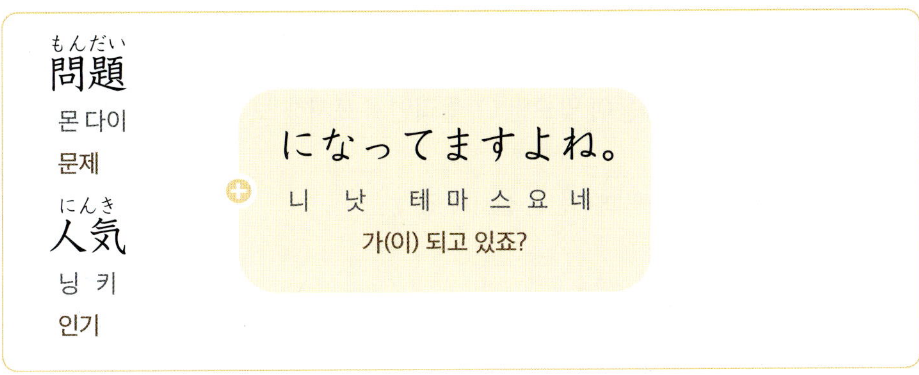

❷ 〜ないでください 〜하지 마세요

〜ないでくださいは '〜하지 마세요'라는 뜻으로 상대방에게 당부하거나 부탁할 때 쓰는 표현이에요. ない형을 만들고 연결해서 말하면 돼요.

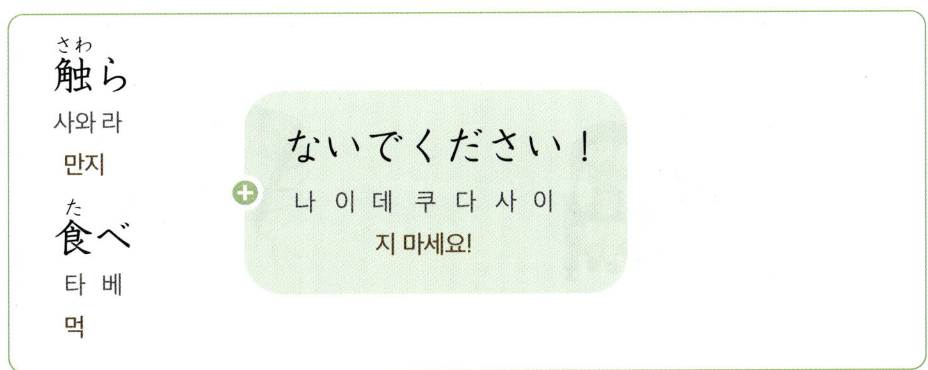

🔖 **새단어**

もんだい
問題 몬다이 명 문제 ㅣ にんき
人気 닝키 명 인기 ㅣ さわ
触る 사와루 동 만지다 ㅣ た
食べる 타베루 동 먹다

연습 문제로 실력 다지GO!

1 음원을 듣고 빈칸에 들어갈 알맞은 말을 써 보세요.　　　　🎧 **Track 04-07**

①

②

2 음원을 듣고 아래의 내용이 맞으면 O, 틀리면 X 표시해 보세요.　　　　🎧 **Track 04-08**

① 여자가 좋아하는 애니메이션이 실사화 됐다.

② 남자는 결말을 미리 알고 싶어한다.

3 보기를 보고 빈칸에 들어갈 알맞을 말을 찾아 써 보세요.

보기

ネタバレ　　　　絶賛（ぜっさん）　　　　話題（わだい）　　　　実写化（じっしゃか）

①

　　　　　　する

극찬하다, 절찬하다

②

　　　　　　あり

스포 있음

① 

＿＿＿＿＿＿、話題になってますよね。

그 영화 화제가 되고 있죠?

② 

ネタバレするのは ＿＿＿＿＿＿＿。

스포하는 것은 절대 금지야.

5 빈칸에 들어갈 알맞은 말을 쓰고 말해 보세요.

① 

好きなアニメが＿＿＿＿＿＿＿＿＿＿。

좋아하는 애니메이션이 실사화 됐어요.

あ！最近、＿＿＿＿＿＿＿＿ますよね。

아! 요즘 화제가 되고 있죠.

② 原作者も＿＿＿＿＿＿＿＿＿。結末が……

원작자도 극찬하고 있어요. 결말이……

え、＿＿＿＿＿＿＿＿＿ください！

어, 스포하지 마세요!

정답 p177

5 | 사진

음원을 들으며 제시된 단어를 따라 읽어 보세요.　　🎧 Track 05-01

단어	읽는 법	의미
き ねん しゃ しん 記念写真	키넨샤싱	명 기념사진
と 撮る	토루	동 (사진을) 찍다
カチューシャ	카츄–샤	명 머리띠
っ 付ける	츠케루	동 (악세서리 등을) 하다, 착용하다
はず 外す	하즈스	동 (낀 것을) 빼다, 풀다
サングラス	상구라스	명 선글라스
かける	카케루	동 (안경이나 선글라스 등을) 쓰다
も 盛れる	모레루	동 (사진이 실물보다) 잘 나오다

듣고 따라 말하기 ☑○○○○

음원을 들으며 제시된 표현을 따라 읽어 보세요.

🎧 **Track 05-02**

① 

^{き ねんしゃしん と}
記念写真を撮る
키 넨 샤 싱 오 토 루

기념사진을 찍다

---

② 

カチューシャを付ける
머리띠를 하다

카 츄 - 샤 오 츠 케 루

---

③ 

^{はず}
カチューシャを外す
머리띠를 빼다

카 츄 - 샤 오 하즈 스

---

④ 

サングラスをかける
선글라스를 쓰다

상 구 라 스 오 카 케 루

---

⑤ 

^{しゃしん も}
写真が盛れる
샤 싱 가 모 레 루

사진이 잘 나오다

말하 GO 써 보 GO!

음원을 들으며 확장된 문장을 따라 읽어 보세요.

반복 훈련하기 ☑◯◯◯◯

보통
🎧 Track 05-03

빠르게
🎧 Track 05-04

1 記念写真を撮ろう！

키 넨 샤 싱 오 토 로 -

2 このカチューシャを付けると似合いますよ。

코 노 카 츄 - 샤 오 츠 케 루 토 니 아 이 마 스 요

3 頭が痛いからカチューシャを外します。

아 타 마 가 이 타 이 카 라 카 츄 - 샤 오 하 즈 시 마 스

TIP ~から는 '~니까, ~므로'라는 뜻으로 이유나 원인을 나타낼 때 사용해요.

4 このサングラスをかける！

코 노 상 구 라 스 오 카 케 루

5 運転する時はサングラスをかけた方がいいです。

운 텐 스 루 토 키 와 상 구 라 스 오 카 케 타 호- 가 이 - 데 스

TIP 동사의 과거형 + 方がいい는 '~하는 편이 좋다'라는 뜻이에요.

6 この写真盛れてるね！

코 노 샤 싱 모 레 테 루 네

TIP 우리말로는 '사진이 잘 나왔다'는 과거형으로 표현하지만 일본어로는 현재 진행형으로 표현해요.

📗 새단어

~と ~토 ㊅ ~하면 | 似合う 니아우 ㊐ 어울리다 | 頭 아타마 ㊑ 머리 | 痛い 이타이 ㊒ 아프다 | ~から ~카라 ㊅ ~니까, ~므로 | 運転する 운텐스루 ㊐ 운전하다 | 時 토키 ㊑ 때 | 方 호- ㊑ 편, 쪽 | いい 이- ㊒ 좋다

제시된 우리말을 보고 일본어로 쓰고 말해 보세요.

1 기념사진을 찍자!

2 이 머리띠를 하면 어울려요.

3 머리가 아프니까 머리띠를 빼요.

4 이 선글라스를 쓸래!

5 운전할 때는 선글라스를 쓰는 게 좋아요.

6 이 사진 잘 나왔네!

다음 대화를 듣고 따라 말해 보세요.

보통 🎧 Track 05-05 빠르게 🎧 Track 05-06

사나

せっかくだから記念写真を撮ろう！

섹 카 쿠 다 카 라 키 넨 샤 싱 오 토 로 -

모처럼이니까 기념사진을 찍자!

쥰

いいね！ ①どの カチューシャを付ける。

이 - 네 도 노 카 츄 - 샤 오 츠 케 루

좋아! 어느 머리띠를 할래?

사나

私はカチューシャじゃなくてサングラスをかける！

와타시 와 카 츄 - 샤 쟈 나 쿠 테 상 구 라 스 오 카 케 루

나는 머리띠 말고 선글라스를 쓸래!

쥰

お！②写真出てきた！この写真盛れてるね！

오 샤 싱 데 테 키 타 코 노 샤 싱 모 레 테 루 네

오! 사진 나왔다! 이 사진 잘 나왔네!

📗 **새단어**

せっかく 섹카쿠 ⓐ 모처럼 ｜ 出てくる 데테쿠루 ⓐ 나오다

TIP 盛れる는 원래 특유의 화장법으로 꾸미고 다니던 '갸루'의 유행어였으나, 이후 메이크업이 잘 되거나 사진이 잘 나왔을 때, 또는 스마트폰 앱으로 사진을 보정해서 실물보다 예뻐졌을 때 쓰는 표현으로 대중적으로 쓰이게 되었어요.

실생활에서 접할 수 있는 여러 가지 상황을 생각하며 패턴으로 말해 보세요.

❶ どの 어느

どの는 '어느'라는 뜻으로 특정한 명사를 지칭할 때 사용하며, 주로 どの＋명사 형태로 쓰여요.

どの
도 노
어느
➕

メニューにする。
메 뉴 - 니 스 루
메뉴로 할까?

お店に行く。
오 미세 니 이 쿠
가게에 갈까?

❷ ～(が)出てきた ～가(이) 나왔다

～(が)出てきた는 '～가(이) 나왔다'라는 뜻으로 주로 '명사＋(が)出てきた' 형태로 쓰이며, 회화체에서는 보통 조사 が를 생략하고 말해요.

彼
카레
그

料理
료- 리
요리

➕

がでてきた!
가 데 테 키 타
가(이) 나왔다!

🔖 새단어

メニュー 메뉴- ⑲ 메뉴 ｜ お店 오미세 ⑲ 가게 ｜ 行く 이쿠 ⑧ 가다 ｜ 彼 카레 ⑪ 그, 그 남자 ｜ 料理 료-리 ⑲ 요리

 **STEP 6** 연습 문제로 실력 다지GO!

1 음원을 듣고 빈칸에 들어갈 알맞은 말을 써 보세요. 🎧 Track 05-07

①

②

2 음원을 듣고 아래의 내용이 맞으면 O, 틀리면 X 표시해 보세요. 🎧 Track 05-08

① 여자는 선글라스를 썼다.

② 사진이 실물보다 못 나왔다.

3 보기를 보고 빈칸에 들어갈 알맞을 말을 찾아 써 보세요.

보기

き ねんしゃしん 記念写真	サングラス	も 盛れる	はず 外す

①　　　　　　を撮る

기념사진을 찍다

②　　　　　　をかける

선글라스를 쓰다

4 빈칸에 들어갈 알맞은 표현을 써 보세요.

①

この　　　　　　　　　　と似合いますよ。

이 머리띠를 하면 어울려요.

②

この写真　　　　　　　　　　　！

이 사진 잘 나왔네!

5 빈칸에 들어갈 알맞은 말을 쓰고 말해 보세요.

①

せっかくだから＿＿＿＿＿＿＿＿＿＿！

모처럼이니까 기념사진을 찍자!

いいね！どの＿＿＿＿＿＿＿＿＿＿＿。

좋아! 어느 머리띠를 할래?

②

私は＿＿＿＿＿＿＿＿＿＿＿＿＿＿！

나는 머리띠 말고 선글라스를 쓸래!

お！＿＿＿＿＿＿＿＿！この写真盛れてるね！

오! 사진 나왔다! 이 사진 잘 나왔네!

정답 p178

6 | 맛집

 **STEP 1** 단어 알아보 GO!

음원을 들으며 제시된 단어를 따라 읽어 보세요. 🎧 **Track 06-01**

단어	읽는 법	의미
とお で 遠出	토-데	몡 멀리 나감
ちか ば 近場	치카바	몡 가까운 곳, 근처
で 出る	데루	동 나오다
くち 口コミ	쿠치코미	몡 후기, 입소문
よだれ	요다레	몡 군침

음원을 들으며 제시된 표현을 따라 읽어 보세요.

🎧 Track 06-02

① 

とお で
遠出する

토- 데 스 루

TIP '멀리 나가다'를 직역해서 遠く出る라고 표현하면 안 돼요.

멀리 나가다

---

② 

ちか ば   い
近場に行く

치카 바 니 이 쿠

가까운 곳에 가다

---

③ 

ばんぐみ   で
番組に出る

방 구미 니 데 루

TIP '방송'을 그대로 직역해서 放送라고 하면 안 돼요.

방송에 나오다

---

④ 

くち
口コミがいい

쿠치 코 미 가 이 -

후기가 좋다,
입소문이 나다

---

⑤ 

で
よだれが出る

요 다 레 가 데 루

군침이 돌다

반복 훈련하기 ✓○○○○

보통
🎧 Track 06-03

빠르게
🎧 Track 06-04

음원을 들으며 확장된 문장을 따라 읽어 보세요.

① 久しぶりに車で遠出します。
히 사 시 부 리 니 쿠 루 마 데 토- 데 시 마 스

② 時間がないから近場に行こう。
지 캉 가 나 이 카 라 치 카 바 니 이 코 -

③ グルメ番組に出たお店に行きたい！
구 루 메 방 구 미 니 데 타 오 미 세 니 이 키 타 이

④ 口コミもいいみたい。
쿠 치 코 미 모 이 - 미 타 이

⑤ 口コミがいいお店は平日でもお客さんが多いです。
쿠 치 코 미 가 이 - 오 미 세 와 헤- 지 츠 데 모 오 캭 상 가 오- 이 데 스

⑥ 今からよだれが出るね。
이 마 카 라 요 다 레 가 데 루 네

📗 **새단어**

久しぶり 히사시부리 _(부) 오랜만, 오래간만 | 車 쿠루마 _(명) 차 | ない 나이 _(형) 없다 | グルメ 구루메 _(명) 맛집, 미식가, 맛있는 요리 | 平日 헤-지츠 _(명) 평일 | お客さん 오캭상 _(명) 손님 | 多い 오-이 _(형) 많다 | 今から 이마카라 _(부) 벌써부터, 지금부터

제시된 우리말을 보고 일본어로 쓰고 말해 보세요.

1 오랜만에 차로 멀리 나가요.

2 시간이 없으니 가까운 곳에 가자.

3 맛집 방송에 나온 가게에 가고 싶어!

4 후기도 좋은 것 같아.

5 후기가 좋은 가게는 평일이어도 손님이 많아요.

6 벌써부터 군침이 도네.

다음 대화를 듣고 따라 말해 보세요.

보통 🎧 Track 06-05　　빠르게 🎧 Track 06-06

하루토

ねえ、週末は遠出してご飯食べ ない 。①

네 - 슈-마츠와 토- 데 시 테 고항 타 베 나 이

있잖아, 주말에는 멀리 나가서 밥 먹지 않을래?

미나

いいよ。グルメ番組に出たお店に行きたい！

이 - 요 구 루 메 방구미니 데 타 오미세니 이 키 타 이

좋아. 맛집 방송에 나온 가게에 가고 싶어!

하루토

そうしよう。口コミもいい みたい 。②

소 - 시 요 - 쿠치코 미 모 이 - 미 타 이

그러자. 후기도 좋은 것 같아.

미나

今からよだれが出るね。

이마 카 라 요 다 레 가 데 루 네

벌써부터 군침이 도네.

📑 **새단어**

週末 슈-마츠 명 주말 ｜ ご飯 고항 명 밥 ｜ そうする 소-스루 그러다, 그렇게 하다 ｜ ～みたい ～미타이 ～인 것 같나

패턴으로 응용해 보 GO!

실생활에서 접할 수 있는 여러 가지 상황을 생각하며 패턴으로 말해 보세요.

① ~ない ~하지 않을래?

~ない는 '~하지 않을래?'라는 뜻으로 권유나 바람, 제안을 할 때 쓰는 표현이에요.

② ~みたい(だ) ~인 것 같다

~みたい(だ)는 '~인 것 같다'라는 뜻으로 주관적인 추측을 나타낼 때 사용해요. 회화체에서는 보통 だ를 빼고, ~みたい라고 해요.

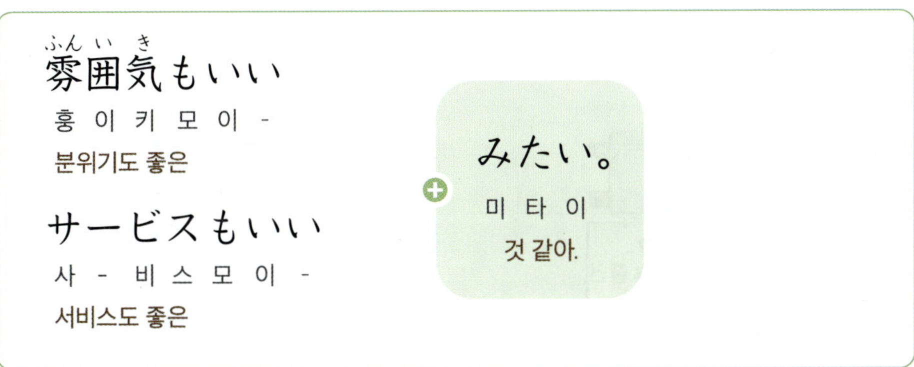

📗 **새단어**

遊び 아소비 ⑧ 놀다 | 音楽 온가쿠 ⑲ 음악 | 聞く 키쿠 ⑧ 듣다 | 雰囲気 훙이키 ⑲ 분위기 | サービス 사-비스
⑲ 서비스

1 음원을 듣고 빈칸에 들어갈 알맞은 말을 써 보세요. 🎧 **Track 06-07**

①

②

2 음원을 듣고 아래의 내용이 맞으면 O, 틀리면 X 표시해 보세요. 🎧 **Track 06-08**

① 두 사람은 주말에 집 근처에서 밥을 먹을 예정이다.

② 두 사람은 맛집 방송에 나온 가게에 가려고 한다.

3 보기를 보고 빈칸에 들어갈 알맞을 말을 찾아 써 보세요.

보기

| くち
口コミ | ちか ば
近場 | とお で
遠出 | ばんぐみ
番組 |

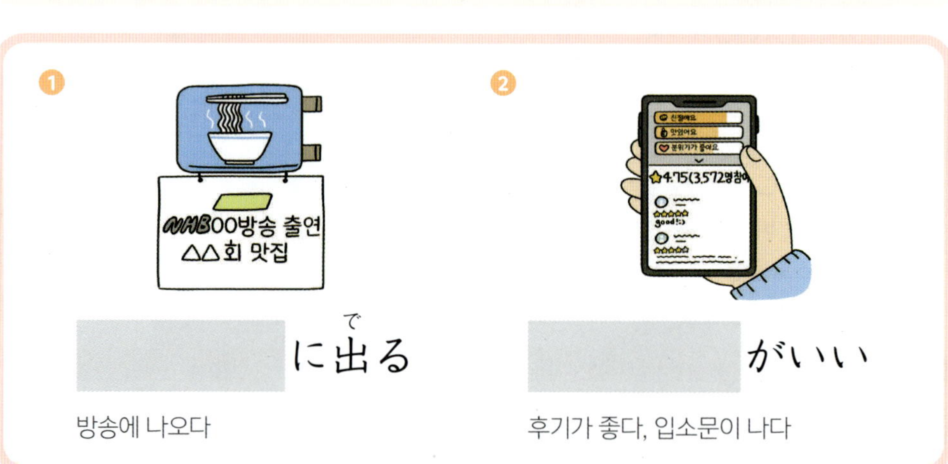

① ______ に出る（で）

방송에 나오다

② ______ がいい

후기가 좋다, 입소문이 나다

① 久しぶりに車で ____________。

오랜만에 차로 멀리 나가요.

② 今から ____________。

벌써부터 군침이 도네.

5 빈칸에 들어갈 알맞은 말을 쓰고 말해 보세요.

① ねえ、週末は遠出して____________。

있잖아, 주말에는 멀리 나가서 밥 먹지 않을래?

いいよ。____________お店に行きたい！

좋아. 맛집 방송에 나온 가게에 가고 싶어!

② そうしよう。____________。

그러자. 후기도 좋은 것 같아.

今からよだれが出るね。

벌써부터 군침이 도네.

정답 p178

 **STEP 1** 단어 알아보 GO!

음원을 들으며 제시된 단어를 따라 읽어 보세요.

🎧 **Track 07-01**

단어	읽는 법	의미
キャンプ	캼푸	명 캠핑
テント	텐토	명 텐트
張^はる	하루	동 치다, 펴다
畳^{たた}む	타타무	동 접다
ぼーっと	보-옷토	부 멍하니
車中泊^{しゃちゅうはく}	샤쮸-하쿠	명 차박

STEP 2 표현으로 말문 트 GO!

음원을 들으며 제시된 표현을 따라 읽어 보세요.

🎧 **Track 07-02**

---

①

キャンプに行く

캼　　푸니이쿠

TIP '~을(를) 가다'는 반드시 '~に行く'라고 해야 해요.

캠핑을 가다

---

②

テントを張る

텐　토　오　하　루

텐트를 치다

---

③

テントを畳む

텐　토　오　타타　무

텐트를 접다

---

④

ぼーっと見る

보 － 옷　토　미　루

TIP '멍 때리다'는 ぼーっとする라고 해요.

멍하니 보다

---

⑤

車中泊する

샤　츄－하쿠　스　루

차박하다

반복 훈련하기 ☑◯◯◯◯

보통 🎧 Track 07-03 빠르게 🎧 Track 07-04

음원을 들으며 확장된 문장을 따라 읽어 보세요.

1 一人でキャンプに行くんです。

히토리데 캠 푸니이 쿤 데스

TIP ~んですと '~예요, ~해요'라는 뜻으로 일반적인 정중체 です·ます와 뜻은 같아요.

2 一人でテントを張るのは大変じゃないですか。

히토리데 텐 토오하루노와타이헨 쟈 나이데스카

TIP 大変ではないですか도 '힘들지 않아요?'라는 뜻이지만, 회화체에서는 ~ではない보다는 ~じゃない를 더 많이 사용해요.

3 暗くなる前にテントを畳もう。

쿠라쿠 나 루마에니 텐 토 오 타타모 -

4 焚火をぼーっと見るのが大好きなんです。

타키비오 보 - 옷토미루노 가 다이스 키 난 데스

TIP ~んです는 '~예요, ~해요'라는 뜻 외에도 이유를 설명할 때에도 쓰여요. 이때는 '~거든요'라고 해석하면 자연스러워요. な형용사와 접속할 때는 마지막 だ를 빼고 ~なんです라고 해요.

5 車中泊したらどうですか。

샤 츄-하쿠 시 타 라 도 - 데 스 카

6 車中泊できる車がほしい。

샤 츄-하쿠 데 키 루쿠루마가 호 시 -

TIP '~을(를) 갖고 싶다'는 반드시 ~がほしい라고 해야해요.

🏳 **새단어**

一人で 히토리데 🅟 혼자서 ┃ 大変だ 타이헨다 🅗 힘들다 ┃ 暗い 쿠라이 🅗 어둡다 ┃ 前 마에 🅜 전, 앞 ┃
焚火 타키비 🅝 모닥불 ┃ 大好きだ 다이스키다 🅗 너무 좋아히디, 아주 좋아히디 ┃ ほしい 호시 🅗 갖고 싶디,
원하다

1 혼자서 캠핑을 가요.

🖉

힌트 혼자서 一人(ひとり)で

2 혼자서 텐트를 치는 것은 힘들지 않아요?

힌트 힘들다 大変(たいへん)だ

3 어두워지기 전에 텐트를 접자.

힌트 접다 畳(たた)む

4 모닥불을 멍하니 보는 게 너무 좋거든요.

힌트 모닥불 焚火(たきび)

5 차박하는 게 어때요?

힌트 차박 車中泊(しゃちゅうはく)

6 차박할 수 있는 차를 갖고 싶어.

힌트 할수있다 できる

 **STEP 4** 상황 말해 보 GO!

다음 대화를 듣고 따라 말해 보세요.

보통
🎧 Track 07-05

빠르게
🎧 Track 07-06

와카나

毎週末、一人でキャンプに行く んです 。①

마이슈-마츠　히토리 데　캠　푸니이 쿤　데 스

주말마다 혼자서 캠핑을 가요.

리쿠

一人でテントを張るのは大変じゃないですか。

히토리 데　텐　토 오 하루 노 와 타이헨　쟈　나 이 데 스 카

혼자서 텐트를 치는 것은 힘들지 않아요?

はい。でも、焚火をぼーっと見るのが大好きなんです。

하 이　데 모　타키비 오 보 - 옷 토 미 루 노 가 다이스 키　난　데 스

네, 하지만 모닥불을 멍하니 보는 게 너무 좋거든요.

리쿠

次から車中泊し たらどうですか 。②

츠기 카 라 샤 츄-하쿠 시 타 라 도 - 데 스 카

다음부터 차박하는 게 어때요?

와카나

それがいいですね。

소 레 가 이 - 데 스 네

그것이 좋겠네요.

 **새단어**

毎週末 마이슈-마츠 주말마다 | 次 츠기 명 다음

실생활에서 접할 수 있는 여러 가지 상황을 생각하며 패턴으로 말해 보세요.

❶ ~んです ~예요, ~해요

~んです는 '~예요, ~해요'라는 뜻으로 です·ます와 뜻은 똑같지만, 약간 부드러운 느낌을 주기 때문에 회화체에서는 ~んです를 자주 사용해요.

明日帰る
아시타 카에 루
내일 돌아가

お土産を買う
오미야게 오카 우
기념품을 사

➕ んです。
ㄴ 데 스
요.

❷ ~たらどうですか ~하는 게 어때요?

~たらどうですか는 '~하는 게 어때요?'라는 뜻으로 상대방에게 무언가를 제안하거나 건의할 때 사용하며, 회화체에서 많이 쓰는 표현이에요.

引っ越しし
힉 코 시 시
이사하

ダイエットし
다 이 엣 토 시
다이어트하

➕ たらどうですか。
타 라 도 - 데 스 카
는 게 어때요?

🔖 새단어

明日 아시타 ⑲ 내일 | 帰る 카에루 ⑧ 돌아가다 | お土産 오미야게 ⑲ 기념품 | 引っ越しする 힉코시스루
⑧ 이사하다 | ダイエットする 다이엣토스루 ⑧ 다이어트하다

 **STEP 6** 연습 문제로 실력 다지GO!

1 음원을 듣고 빈칸에 들어갈 알맞은 말을 써 보세요.　🎧 Track 07-07

①

②

2 음원을 듣고 아래의 내용이 맞으면 O, 틀리면 X 표시해 보세요.　🎧 Track 07-08

① 여자는 주말마다 친구와 캠핑을 간다.

② 남자는 여자에게 차박하는 것을 제안하고 있다.

3 보기를 보고 빈칸에 들어갈 알맞을 말을 찾아 써 보세요.

보기

たた
畳む　　テント　　ぼーっと　　キャンプ

4 빈칸에 들어갈 알맞은 표현을 써 보세요.

❶

い
＿＿＿＿＿＿＿に行くんです。

혼자서 캠핑을 가요.

❷

くるま
＿＿＿＿＿＿＿車がほしい。

차박할 수 있는 차를 갖고 싶어.

5 빈칸에 들어갈 알맞은 말을 쓰고 말해 보세요.

❶
ひとり
＿＿＿＿＿＿＿、一人でキャンプに行くんです。

주말마다 혼자서 캠핑을 가요.

たいへん
＿＿＿＿＿＿＿のは大変じゃないですか。

혼자서 텐트를 치는 것은 힘들지 않아요?

❷
だいす
はい。でも、＿＿＿＿＿＿のが大好きなんです。

네, 하지만 모닥불을 멍하니 보는 게 너무 좋거든요.

つぎ
次から＿＿＿＿＿＿＿＿＿＿＿。

다음부터 차박하는 게 어때요?

정답 p179

 **STEP 1** 단어 알아보 GO!

음원을 들으며 제시된 단어를 따라 읽어 보세요.　🎧 **Track 08-01**

단어	읽는 법	의미
思い出 (おも で)	오모이데	명 추억
作る (つく)	츠쿠루	동 만들다
リード	리-도	명 목줄
付ける (つ)	츠케루	동 매다
おやつ	오야츠	명 간식
あげる	아게루	동 (내가 남에게) 주다
しつけ	시츠케	명 훈육

 **STEP 2** 표현으로 말문 트 GO!

듣고 따라 말하기 ☑○○○○

음원을 들으며 제시된 표현을 따라 읽어 보세요.

🎧 **Track 08-02**

1 

思い出を作る
おもいでつくる

오모 이 데 오 츠쿠 루

추억을 만들다

---

2 

リードを付ける
つ

리 - 도 오 츠 케 루

TIP '목줄'은 首輪(くびわ)라고도 해요.

목줄을 매다

---

3 

リードを外す
はず

리 - 도 오 하즈 스

목줄을 풀다

---

4 

おやつをあげる

오 야 츠 오 아 게 루

간식을 주다

---

5 

しつけをする

시 츠 케 오 스 루

훈육을 하다

음원을 들으며 확장된 문장을 따라 읽어 보세요.

반복 훈련하기 ☑〇〇〇〇

보통 **Track 08-03** 빠르게 **Track 08-04**

1 思い出を作りたくて、連れて来ました。

오모 이 데 오 츠쿠리 타 쿠 테　츠 레 테 키 마 시 타

2 最後の夏休みだし、いい思い出を作ろう！

사 이 고 노 나츠야스 미 다 시　이 － 오모 이 데 오 츠쿠 로 －

TIP し는 '(~하기도) 하고'라는 뜻으로 사물이나 사항을 열거할 때 사용해요.

3 リードを付けなくてもいいですよ。

리 － 도 오 츠 케 나 쿠 테 모 이 － 데 스 요

4 リードを外して散歩するのは危ないです。

리 － 도 오 하즈 시 테 삼 뽀 스 루 노 와 아부 나 이 데 스

5 おやつをあげてもいいですか。

오 야 츠 오 아 게 테 모 이 － 데 스 카

6 犬にトイレのしつけをするのは難しいね。

이누 니 토 이 레 노 시 츠 케 오 스 루 노 와 무즈카 시 － 네

📗 새단어

連れて来る 츠레테쿠루 (동) 데리고 오다 ｜ 最後 사이고 (명) 마지막 ｜ 夏休み 나츠야스미 (명) 여름방학, 여름휴가 ｜
散歩 삼뽀 (명) 산책 ｜ 危ない 아부나이 (형) 위험하다 ｜ 犬 이누 (명) 강아지, 개 ｜ トイレ 토이레 (명) 화장실

제시된 우리말을 보고 일본어로 쓰고 말해 보세요.

1 추억을 만들고 싶어서 데리고 왔어요.

힌트 추억 思い出

2 마지막 여름방학이기도 하고 좋은 추억을 만들자!

힌트 여름방학, 여름휴가 夏休み

3 목줄을 안 매도 돼요.

힌트 목줄 リード

4 목줄을 풀고 산책하는 것은 위험해요.

힌트 산책 散歩

5 간식을 줘도 될까요?

힌트 간식 おやつ

6 강아지에게 화장실 훈육(배변 훈련)하는 건 어렵네.

힌트 화장실 トイレ

다음 대화를 듣고 따라 말해 보세요.

보통 🎧 Track 08-05　　빠르게 🎧 Track 08-06

죤

あいけん
愛犬と思い出を作りたくて、連れて来ました。

아이켄 토 오모 이 데 오 츠쿠리 타 쿠 테　츠 레 테 키 마 시 타

반려견과 추억을 만들고 싶어서 데리고 왔어요.

직원

そうですね。ここはリードを付け なくてもいい ❶ ですよ。

소 - 데스네 코 코 와 리 - 도 오 츠케 나 쿠 테 모 이 - 데 스 요

그렇군요. 여기는 목줄을 안 매도 돼요.

죤

持って来たおやつをあげ てもいいですか ❷ 。

못 테 키 타 오 야 츠 오 아 게 테 모 이 - 데 스 카

가져온 간식을 줘도 될까요?

직원

もちろんです。

모 치 론 데 스

물론이죠.

🔖 새단어

あいけん
愛犬 아이켄 명 반려견 | 持って来る 못테쿠루 동 가져오다, 챙겨오다 | ここ 코코 대 여기 | もちろん 모치론 부 물론

TIP 일본에는 강아지와 함께 출입할 수 있는 온천, 그리고 함께 묵을 수 있는 온천 숙소들이 해마다 늘어나고 있어요. 최근에는
애견 전용 '당일치기 온천(日帰り温泉)'도 생겨나고 있어요.

패턴으로 응용해 보 GO!

실생활에서 접할 수 있는 여러 가지 상황을 생각하며 패턴으로 말해 보세요.

1 ~なくてもいい ~하지 않아도 돼, ~하지 않아도 괜찮아

~てもいい가 '~해도 돼'라는 뜻이었다면, ~なくてもいい는 '~하지 않아도 돼, ~하지 않아도 괜찮아'라는 반대 표현을 가지고 있어요.

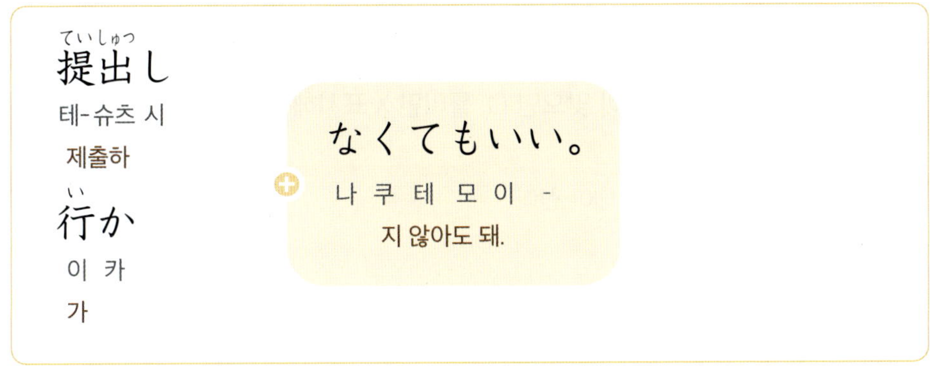

2 ~てもいいですか ~해도 될까요?

~てもいいですか는 '~해도 될까요?'라는 뜻으로 상대방에게 허가를 구할 때 쓰는 표현이에요. 조금 더 정중한 표현은 ~てもよろしいですか예요.

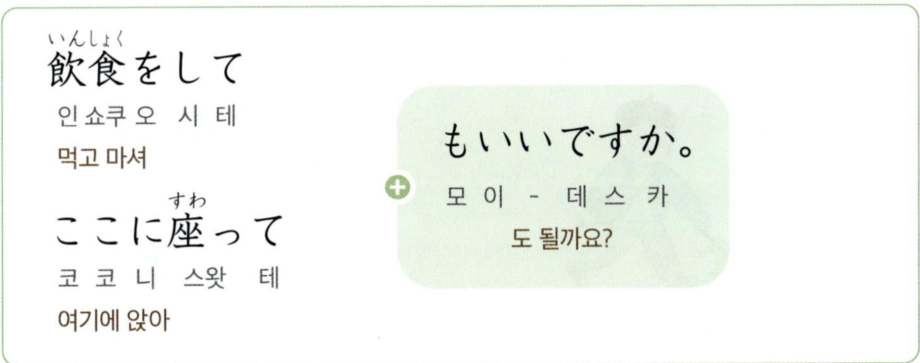

📗 새단어

提出する 테-슈츠스루 동 제출하다 | 飲食 인쇼쿠 명 먹고 마심 | 座る 스와루 동 앉다

1 음원을 듣고 빈칸에 들어갈 알맞은 말을 써 보세요.　🎧 **Track 08-07**

①

②

2 음원을 듣고 아래의 내용이 맞으면 O, 틀리면 X 표시해 보세요.　🎧 **Track 08-08**

① 여기에서는 목줄을 꼭 매야 한다.

② 외부 음식은 반입 금지이다.

3 보기를 보고 빈칸에 들어갈 알맞을 말을 찾아 써 보세요.

보기

^{はず}外す　　^つ付ける　　あげる　　しつけ

목줄을 매다

おやつを

간식을 주다

 빈칸에 들어갈 알맞은 표현을 써 보세요.

最後の夏休みだし、　　　　　　！

마지막 여름방학이기도 하고 좋은 추억을 만들자!

　　　　　　　　　のは難しいね。

강아지에게 화장실 훈육(배변 훈련)하는 건 어렵네.

 빈칸에 들어갈 알맞은 말을 쓰고 말해 보세요.

 ＿＿＿＿思い出を作りたくて、連れて来ました。

반려견과 추억을 만들고 싶어서 데리고 왔어요.

 そうですね。ここは＿＿＿＿＿＿＿＿＿。

그렇군요. 여기는 목줄을 안 매도 돼요.

 持って来たおやつをあげ＿＿＿＿＿＿＿＿。

가져온 간식을 줘도 될까요?

 もちろんです。

물론이죠.

정답 p179

 **STEP 1** 단어 알아보 GO!

음원을 들으며 제시된 단어를 따라 읽어 보세요. 🎧 **Track 09-01**

단어	읽는 법	의미
合コン	고-콘	명 미팅
連絡先	렌라쿠사키	명 연락처
交換	코-칸	명 교환
連絡	렌라쿠	명 연락
続く	츠즈쿠	동 계속되다
デート	데-토	명 데이트
誘われる	사소와레루	동 신청받다
誘う	사소우	동 신청하다

 **STEP 2** 표현으로 말문 트 GO!

듣고 따라 말하기 ☑〇〇〇〇

음원을 들으며 제시된 표현을 따라 읽어 보세요.

🎧 **Track 09-02**

---

① 

合コンする
ごう

고 – 콘　스 루

미팅하다

TIP ミーティング는 '여럿이 모여 의논하는 회의'를 의미하는 반면, 合コン은 '남녀가 서로 만나는 미팅'을 의미해요. 또한 合コン은 合同コンパ(합동 친목회)의 줄임말이에요.

---

② 

連絡先を交換する
れんらくさき　　こうかん

렌 라쿠 사키 오 코– 칸 스 루

연락처를 교환하다

---

③ 

連絡が続く
れんらく　　つづ

렌 라쿠 가 츠즈 쿠

계속 연락하다,
연락이 계속되다

---

④ 

デートに誘われる
さそ

데 – 토 니 사소 와 레 루

데이트를 신청받다

---

⑤ 

デートに誘う
さそ

데 – 토 니 사소 우

데이트를 신청하다

음원을 들으며 확장된 문장을 따라 읽어 보세요.

① 昨日、合コンしたんだって。
키노- 고 콘 시 탄 닷 테

② 連絡先を交換した人はいるよ。
렌 라쿠사키 오 코- 칸 시 타 히토 와 이 루 요

③ 毎日連絡が続くのは、脈ありですか。
마이니치 렌 라쿠가 츠즈 쿠 노 와 먀쿠 아 리 데 스 카

④ デートに誘われたけど、行くか悩んでる。
데 - 토 니 사소 와 레 타 케 도 이 쿠 카 나얀 데 루

⑤ 初めてデートに誘われました。
하지 메 테 데 - 토 니 사소 와 레 마 시 타

⑥ 勇気を出してデートに誘いました。
유- 키 오 다 시 테 데 - 토 니 사소 이 마 시 타

🟩 **새단어**

昨日 키노- ⑲ 어제 ㅣ 人 히토 ⑲ 사람 ㅣ 毎日 마이니치 ⑲ 매일 ㅣ 脈あり 먀쿠아리 ⑲ 그린라이트, 썸 ㅣ
けど 케도 ~지만 ㅣ 悩む 나야무 ⑧ 고민하다, 망설이다 ㅣ 初めて 하지메테 ⑨ 처음(으로) ㅣ 勇気 유-키 ⑲ 용기 ㅣ
出す 나스 ⑧ 내다(안이나 숨겨신 곳에서 밖으로 꺼냄)

제시된 우리말을 보고 일본어로 쓰고 말해 보세요.

1 어제 미팅했다면서?

힌트 미팅 合コン

2 연락처를 교환한 사람은 있어.

힌트 연락처 連絡先

3 매일 계속 연락하는 것은 그린라이트인가요?

힌트 그린라이트 脈あり

4 데이트 신청받았는데 갈지 고민 중이야.

힌트 고민하다, 망설이다 悩む

5 처음으로 데이트를 신청받았어요.

힌트 처음(으로) 初めて

6 용기를 내서 데이트를 신청했어.

힌트 용기 勇気

상황 말해 보 GO!

다음 대화를 듣고 따라 말해 보세요.

보통 🎧 Track 09-05　　빠르게 🎧 Track 09-06

쥰

昨日、合コンした **んだって**。どうだった。

키노- 고- 콘 시 탄 닷 테 도- 닷 타

어제 미팅했다면서? 어땠어?

샤나

うん、連絡先を交換した人はいるよ。

웅　렌 라쿠 사키 오 코- 칸 시 타 히토 와 이 루 요

응. 연락처를 교환한 사람은 있어.

쥰

え！連絡続い **てるの**。

에　렌 라쿠 츠즈 이 테 루 노

어! 계속 연락하고 있어?

샤나

デートに誘われたけど、行くか悩んでる。

데- 토 니 사소 와 레 타 케 도　이 쿠 카 나얀 데 루

데이트 신청받았는데 갈지 고민 중이야.

TIP 한국에서는 일대일 소개팅을 많이 하는 편이지만, 일본에서는 일대일 소개팅이라는 표현이 없는 것만으로도 알 수 있듯이 일대일 소개팅을 별로 선호하지 않아요. 대신 단체 미팅을 선호하는 편이에요.

패턴으로 응용해 보 GO!

실생활에서 접할 수 있는 여러 가지 상황을 생각하며 패턴으로 말해 보세요.

1 **〜んだって** 〜다(라)면서?

〜んだって는 '〜다(라)면서?'라는 뜻으로 누군가에게 들은 이야기를 말할 때 사용하며, 주로 회화체에서 많이 쓰는 표현이에요.

2 **〜て(い)るの** 〜하고 있어?

〜て(い)るの는 '〜하고 있어?'라는 현재 진행형 표현으로 회화체에서는 종종 〜ているの에서 い를 생략하고 〜てるの라고 표현해요.

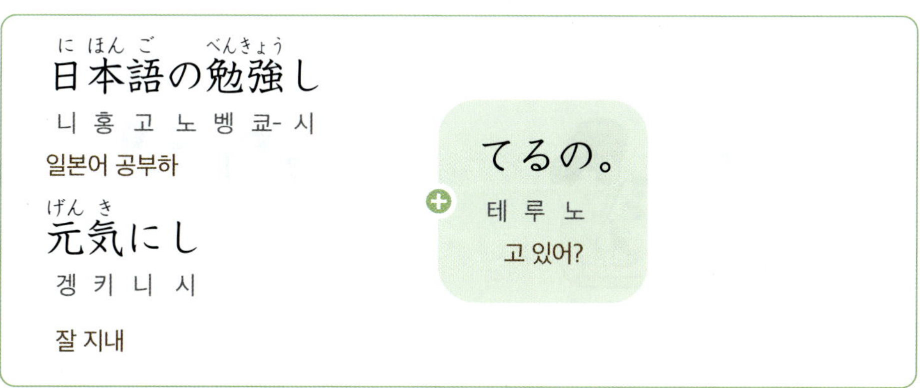

새단어

付き合う 츠키아우 (동) 사귀다 | 別れる 와카레루 (동) 헤어지다 | 日本語 니홍고 (명) 일본어 | 勉強する
벵쿄-스루 (동) 공부하다 | 元気 겡키 (명) 건강

1 음원을 듣고 빈칸에 들어갈 알맞은 말을 써 보세요.   🎧 Track 09-07

①

②

2 음원을 듣고 아래의 내용이 맞으면 O, 틀리면 X 표시해 보세요.   🎧 Track 09-08

① 여자는 어제 미팅을 했다.

② 여자는 미팅한 남자에게 데이트 신청을 했다.

3 보기를 보고 빈칸에 들어갈 알맞을 말을 찾아 써 보세요.

보기

^{つづ}続く   ^{ごう}合コン   ^{こうかん}交換する   ^{さそ}誘われる

する

미팅하다

^{れんらくさき}連絡先を

연락처를 교환하다

4 빈칸에 들어갈 알맞은 표현을 써 보세요.

① のは、脈^{みゃく}ありですか。

매일 계속 연락하는 것은 그린라이트인가요?

② 初^{はじ}めて

처음으로 데이트를 신청받았어요.

5 빈칸에 들어갈 알맞은 말을 쓰고 말해 보세요.

① 昨日^{きのう}、＿＿＿＿＿＿＿＿＿＿＿＿＿。どうだった。

어제 미팅했다면서? 어땠어?

うん。＿＿＿＿＿＿＿＿＿＿＿＿人^{ひと}はいるよ。

응. 연락처를 교환한 사람은 있어.

② え！＿＿＿＿＿＿＿＿＿＿＿＿。

어! 계속 연락하고 있어?

デートに誘^{さそ}われたけど、＿＿＿＿＿＿＿＿＿＿＿。

데이트 신청받았는데 갈지 고민 중이야.

정답 p180

10 │ 썸

 **STEP 1** ▶ 단어 알아보 GO!

음원을 들으며 제시된 단어를 따라 읽어 보세요.　🎧 **Track 10-01**

단어	읽는 법	의미
うまく	우마쿠	부 잘
いく	이쿠	동 되다, 진척되다
気	키	명 기, 마음
合う	아우	동 (마음이나 성격 등이) 맞다
気持ち	키모치	명 마음
伝える	츠타에루	동 전하다
駆け引き	카케히키	명 밀당
両思い	료-오모이	명 서로 좋아함

음원을 들으며 제시된 표현을 따라 읽어 보세요.

🎧 **Track 10-02**

① 

うまくいく
우 마 쿠 이 쿠

잘되다, 잘되어 가다

---

② 

<ruby>気<rt>き</rt></ruby>が<ruby>合<rt>あ</rt></ruby>う
키 가 아 우

마음이 맞다, 잘 통하다

---

③ 

<ruby>気持<rt>き も</rt></ruby>ちを<ruby>伝<rt>つた</rt></ruby>える
키 모 치 오 츠타 에 루

마음을 전하다

---

④ 

<ruby>駆<rt>か</rt></ruby>け<ruby>引<rt>ひ</rt></ruby>きする
카 케 히 키 스 루

밀당하다

---

⑤ 

<ruby>両思<rt>りょう おも</rt></ruby>いになる
료-오모 이 니 나 루

서로 좋아하게 되다

반복 훈련하기 ☑○○○○

보통 **Track 10-03**　빠르게 **Track 10-04**

음원을 들으며 확장된 문장을 따라 읽어 보세요.

①　今回はうまくいきますよ！
콩 카이 와 우 마 쿠 이 키 마 스 요

②　私たちなんだか気が合いますね。
와타시 타치 난 다 카 키 가 아 이 마 스 네

③　こんなに気が合う人は初めてだよ。
콘 나 니 키 가 아 우 히토 와 하지메 테 다 요

④　先輩に気持ちを伝えてみなよ。
셈 파이 니 키 모 치 오 츠타 에 테 미 나 요

⑤　もう少し、駆け引きしないと〜
모 - 스코 시　카 케 히 키 시 나 이 토

TIP もうと '더', 少しと '조금'이라는 뜻으로 우리말로는 '조금 더'라고 표현하지만 일본어로는 '더 조금'이라고 해요.

⑥　あの人と両思いになった。
아 노 히토 토 료-오모 이 니　낫 타

📑 **새단어**

今回 콩카이 (명) 이번(에) | **私たち** 와타시타치 (대) 우리 | **なんだか** 난다카 (부) 왠지, 왜 그런지 | **こんなに** 콘나니 (부) 이렇게, 이토록 | **先輩** 셈파이 (명) 선배 | **~てみなよ** ~테미나요 ~해봐 | **もう少し** 모-스코시 (부) 조금 더

제시된 우리말을 보고 일본어로 쓰고 말해 보세요.

1 이번에는 잘될 거예요!

2 우리 왠지 마음이 잘 맞네요.

3 이렇게 잘 통하는 사람은 처음이야.

4 선배에게 마음을 전해 봐.

5 조금 더 밀당해야지~

6 저 사람과 서로 좋아하게 됐어.

상황 말해 보 GO!

다음 대화를 듣고 따라 말해 보세요.

보통 **Track 10-05** 빠르게 **Track 10-06**

리쿠

ハルとはうまくいってる。

하 루 토 와 우 마 쿠 잇 테 루

하루랑은 잘돼 가?

와카나

うん、こんなに 気が合う人は初めてだよ。 ❶

웅 콘 나 니 키 가 아 우히토 와 하지메 테 다 요

응, 이렇게 잘 통하는 사람은 처음이야.

리쿠

次のデートで、気持ちを伝えてみなよ。

츠기노 데 - 토데 키 모 치 오츠타에 테 미 나 요

다음 데이트에서 마음을 전해 봐.

와카나

もう少し、駆け引きしないと〜 ❷

모 - 스코 시 카 케 히 키 시 나 이 토

조금 더 밀당해야지~

TIP 아직 연인 관계가 아니지만 서로 사귀는 듯 가까이 지내는 관계를 우리말로는 '썸'이라고 하는데, 일본에서는 이러한 표현이 없어요. 그래서 일본어로 표현할 때는 'いい感じの関係(좋은 느낌의 관계)' 또는 '友達以上恋人未満(친구 이상 연인 미만)'이라는 표현을 많이 사용해요.

 패턴으로 응용해 보 GO!

실생활에서 접할 수 있는 여러 가지 상황을 생각하며 패턴으로 말해 보세요.

①

こんなに 이렇게, 이토록

こんなに는 '이렇게, 이토록'이라는 뜻으로 정도를 강조하는 역할을 해요.

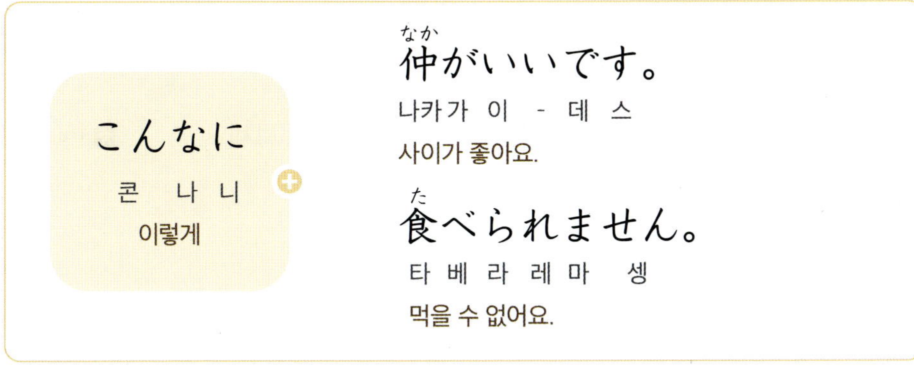

②

～ないと ～해야 해, ～하지 않으면 안 돼

～ないと는 '～해야 해, ～하지 않으면 안 돼'라는 뜻의 회화체 표현으로 혼잣말로도 사용할 수 있어요. 또한 ～ないと는 ～ないといけない 라고도 표현해요.

📗 **새단어**

仲 나카 (명) 사이 | 頑張る 감바루 (동) 열심히 하다, 노력하다 | 早く 하야쿠 (부) 일찍 | 起きる 오키루 (동) 일어나다

 **STEP 6** 연습 문제로 실력 다지GO!

1 음원을 듣고 빈칸에 들어갈 알맞은 말을 써 보세요.　　🎧 Track 10-07

①

②

2 음원을 듣고 아래의 내용이 맞으면 O, 틀리면 X 표시해 보세요.　🎧 Track 10-08

① 여자는 하루와 잘 통한다.

② 여자는 다음 데이트 때 하루에게 고백할 예정이다.

3 보기를 보고 빈칸에 들어갈 알맞을 말을 찾아 써 보세요.

> **보기**
>
> うまく　　駆け引き　　気持ち　　両思い

① ＿＿＿＿を伝える

마음을 전하다

② ＿＿＿＿する

밀당하다

1

こんかい
今回は ___________________ ！

이번에는 잘될 거예요!

2

わたし
私たちなんだか ___________________ 。

우리 왠지 마음이 잘 맞네요.

5 빈칸에 들어갈 알맞은 말을 쓰고 말해 보세요.

1 ハルとは_______________________。

하루랑은 잘돼 가?

うん、こんなに気が合う人は_____________。

응, 이렇게 잘 통하는 사람은 처음이야.

2 次のデートで、_____________________。

다음 데이트에서 마음을 전해봐.

もう少し、_____________________～

조금 더 밀당해야지~

정답 p180

11 | 연애

 **STEP 1** 단어 알아보 GO!

음원을 들으며 제시된 단어를 따라 읽어 보세요.　🎧 **Track 11-01**

단어	읽는 법	의미
寝落ち (ね お)	네오치	명 무언가를 하고 있던 도중에 잠들어 버리는 것
ぎゅっと	굿토	부 꽉, 꼭
抱きしめる (だ)	다키시메루	동 껴안다
いちゃいちゃ	이챠이챠	부 애정 행각하는 모습, 꽁냥꽁냥
嫉妬 (しっ と)	싯토	명 질투
マメだ	마메다	형 부지런하다

STEP 2   **표현으로 말문 트 GO!**

듣고 따라 말하기 ☑◯◯◯◯

음원을 들으며 제시된 표현을 따라 읽어 보세요.

🎧 Track 11-02

① 

<ruby>寝<rt>ね</rt></ruby><ruby>落<rt>お</rt></ruby>ちする

네 오 치 스 루

도중에 잠들다

---

② 

ぎゅっと<ruby>抱<rt>だ</rt></ruby>きしめる

굿　　토 다 키 시 메 루

꽉 껴안다, 꼭 껴안다

---

③ 

いちゃいちゃする

이 �챠 이 챠 스 루

애정 행각하다,
꽁냥꽁냥하다

---

④ 

<ruby>嫉妬<rt>しっと</rt></ruby>する

싯 토 스 루

질투하다, 질투나다

---

⑤ 

<ruby>連絡<rt>れんらく</rt></ruby>がマメだ

렌 라쿠 가 마 메 다

연락이 잘 되다,
연락이 부지런하다,
답장이 빠르다

음원을 들으며 확장된 문장을 따라 읽어 보세요.

1 通話しながら寝落ちしてごめんね。
츠-와 시 나 가 라 네 오 치 시 테 고 멘 네

2 ドラマ見ながら寝落ちしてしまいました。
도 라 마 미 나 가 라 네 오 치 시 테 시 마 이 마 시 타

3 毎晩、枕をぎゅっと抱きしめて寝ます。
마이 방　마쿠라오　　굿　토 다 키 시 메 테 네 마 스

4 いちゃいちゃしないでくれる。
이 챠 이 챠 시 나 이 데 쿠 레 루

5 もしかして嫉妬してる。
모 시 카 시 테 싯 토 시 테 루

6 私の彼氏は連絡がマメです。
와타시 노 카레시 와 렌 라쿠 가 마 메 데 스

📗 **새단어**

通話する 츠-와스루 (동) 통화하다 | ~ながら ~나가라 ~하다가, ~하면서 | ごめん 고멘 미안해 | 毎晩 마이방
(명) 매일 밤 | 枕 마쿠라 (명) 베개 | もしかして 모시카시테 (부) 혹시 | 彼氏 가레시 (명) 남자 친구

제시된 우리말을 보고 일본어로 쓰고 말해 보세요.

1 통화하다가 잠들어서 미안해.

✏️

힌트 통화하다 通話する

2 드라마 보다가 잠들어 버렸어요.

힌트 드라마 ドラマ

3 매일 밤 베개를 꼭 껴안고 자요.

힌트 매일밤 毎晩

4 애정 행각하지 말아 줄래?

힌트 애정 행각 いちゃいちゃ

5 혹시 질투하니?

힌트 혹시 もしかして

6 내 남자 친구는 연락이 잘 돼요.

힌트 남자친구 彼氏

STEP 4　상황 말해 보 GO!

다음 대화를 듣고 따라 말해 보세요.

보통 🎧 Track 11-05　　빠르게 🎧 Track 11-06

하루토

昨日、通話しながら寝落ちして ごめんね。

키노-　츠-와 시나가 라 네오 치 시 테 고 멘 네

어제 통화하다가 잠들어서 미안해.

유키

もう～ぎゅっと抱きしめてくれたら許す！

모 -　굿　토 다 키 시 메 테 쿠 레 타 라 유루스

정말이지~ 꽉 안아주면 용서할게!

리쿠

あの……私の前でいちゃいちゃし ないでくれる。

아 노　와타시 노 마에 데 이 챠 이 챠 시 나 이 데 쿠 레 루

저기…… 내 앞에서 애정 행각하지 말아 줄래?

유키

あ！もしかして嫉妬してる。

아　모 시 카 시 테 싯 토 시 테 루

아! 혹시 질투하니?

📗 새단어

もう 모- 정말이지, 어휴(감정을 강조하는 말) | ~てくれる~ 테쿠레루 (남이 나에게) ~해 주다 | ~たら ~타라 ~하면 |
許す 유루스 ⑧ 용서하다

TIP 寝落ちは 무언가를 하고 있던 도중에 잠들어 버리는 것을 의미해요. 특히 寝落ち通話라는 표현을 자주 쓰는데, 이 표현은 통화를 하면서 자버리는 것을 의미해요.

패턴으로 응용해 보 GO!

실생활에서 접할 수 있는 여러 가지 상황을 생각하며 패턴으로 말해 보세요.

① **ごめんね** 미안해

ごめん은 '미안해'라는 뜻으로 친한 사이에 쓰는 반말 표현이에요. 끝에 ね를 붙여서 말하면 조금 더 부드러운 뉘앙스가 돼요.

遅刻して
치 코쿠 시 테
지각해서

連絡が遅くなって
렌 라쿠 가 오소 쿠　낫　테
연락이 늦어서

➕

ごめんね。
고　멘 네
미안해.

② **〜ないでくれる** 〜하지 말아 줄래?

〜ないでくれる는 '〜하지 말아 줄래?'라는 뜻으로 금지를 나타낼 때 쓰는 표현이에요. 윗사람에게는 〜ないでいただけますか 또는 〜ないでいただけませんか라고 말해요.

ここに置か
코 코 니 오 카
여기에 두

そんなに怒ら
손　나 니 오코 라
그렇게 화내

➕

ないでくれる。
나 이 데 쿠 레 루
지 말아 줄래?

🟩 **새단어**

遅刻する 치코쿠스루 Ⓢ 지각하다 | 遅い 오소이 Ⓗ 늦다 | 置く 오쿠 Ⓢ 두다 | 怒る 오코루 Ⓢ 화내다

STEP 6 　연습 문제로 실력 다지GO!

1 음원을 듣고 빈칸에 들어갈 알맞은 말을 써 보세요.　🎧 Track 11-07

①

②

2 음원을 듣고 아래의 내용이 맞으면 O, 틀리면 X 표시해 보세요.　🎧 Track 11-08

① 남자는 통화하다가 잠이 들었다.

② 여자는 남자 친구의 사과를 받아 들일 생각이 없다.

3 보기를 보고 빈칸에 들어갈 알맞을 말을 찾아 써 보세요.

보기

しっと
嫉妬　　ぎゅっと　　マメだ　　いちゃいちゃ

① 
　　　　　　　する

애정 행각하다, 꽁냥꽁냥하다

② 
　　　　　　　する

질투하다, 질투나다

① 通話^{つう わ}しながら 　　　　　　　　　　　　　　。

통화하다가 잠들어서 미안해.

② 毎晩^{まいばん}、枕^{まくら}をぎゅっと 　　　　　　　　　　　　。

매일 밤 베개를 꼭 껴안고 자요.

5 빈칸에 들어갈 알맞은 말을 쓰고 말해 보세요.

① 昨日^{きのう}、＿＿＿＿＿＿＿＿＿寝落^{ね お}ちしてごめんね。

어제 통화하다가 잠들어서 미안해.

もう〜＿＿＿＿＿＿＿＿＿＿＿許^{ゆる}す！

정말이지~ 꼭 안아주면 용서할게!

② あの……私^{わたし}の前^{まえ}で＿＿＿＿＿＿＿＿＿。

저기…… 내 앞에서 애정 행각하지 말아 줄래?

あ！もしかして＿＿＿＿＿＿＿＿＿。

아! 혹시 질투하니?

정답 p181

12 | 이별

 **STEP 1** ▸ 단어 알아보 GO!

음원을 들으며 제시된 단어를 따라 읽어 보세요.　🎧 **Track 12-01**

단어	읽는 법	의미
こいびと 恋人	코이비토	명 애인
ふ 振られる	후라레루	동 차이다
ふ 振る	후루	동 차다
み め 見る目	미루메	명 보는 눈
えんきょりれんあい 遠距離恋愛	엥쿄리 렝아이	명 장거리 연애
の 飲み	노미	명 술을 마심

표현으로 말문 트 GO!

듣고 따라 말하기 ☑○○○○

음원을 들으며 제시된 표현을 따라 읽어 보세요.

🎧 Track 12-02

① 

こいびと　ふ
恋人に振られる
코이 비토 니 후 라 레 루

애인에게 차이다

② 

こいびと　ふ
恋人を振る
코이비토 오 후 루

애인을 차다

③ 

み　め
見る目がない
미 루 메 가 나 이

보는 눈이 없다

④ 

えんきょ り れんあい
遠距離恋愛をする
엥 쿄 리 렝 아이오 스 루

장거리 연애를 하다

TIP 우리말로는 '장거리'니까 長距離(ちょうきょり)라고 할 것 같지만,
일본어로는 遠距離(えんきょり)(원거리)라고 표현해요.

⑤ 

の　　い
飲みに行く
노 미 니 이 쿠

술 마시러 가다

반복 훈련하기 ☑○○○○

보통 🎧 Track 12-03 빠르게 🎧 Track 12-04

음원을 들으며 확장된 문장을 따라 읽어 보세요.

❶ 昨日恋人に振られました。

키노- 코이비토 니 후 라 레 마 시 타

❷ 浮気をした恋人を振りました。

우와 키 오 시 타 코이비토 오 후 리 마 시 타

❸ 別れるなんて、見る目がないですよ。

와카 레 루 난 테　미 루 메 가 나 이 데 스 요

❹ 本当に見る目がないよね。

혼 토- 니 미 루 메 가 나 이 요 네

❺ 遠距離恋愛をするのは難しいですね。

엥 쿄 리 렝 아이 오 스 루 노 와 무즈카시 - 데 스 네

❻ 飲みに行きましょう!

노 미 니 이 키 마 쇼 -

📕 **새단어**

浮気 우와키 ⑲ 바람(기) | 別れる 와카레루 ⑧ 헤어지다 | ~なんて ~난테 ㉠ ~하다니 | 本当に 혼토-니 ㉡ 진짜로, 정말로

제시된 우리말을 보고 일본어로 쓰고 말해 보세요.

1 어제 애인에게 차였어요.

힌트 애인 恋人(こいびと)

2 바람을 피운 애인을 찼어요.

힌트 바람(기) 浮気(うわき)

3 헤어지다니 보는 눈이 없네요.

힌트 헤어지다 別れる(わか)

4 진짜로 보는 눈이 없지.

힌트 진짜로, 정말로 本当に(ほんとう)

5 장거리 연애를 하는 건 어렵네요.

힌트 어렵다 難しい(むずか)

6 술 마시러 가요!

힌트 가다 行く(い)

다음 대화를 듣고 따라 말해 보세요.

보통　🎧 Track 12-05　　빠르게　🎧 Track 12-06

미나

実は昨日恋人に振られました。

지츠 와 키노- 코이비토니 후 라 레 마 시 타

실은 어제 애인에게 차였어요.

사나

こんなにいい人と別れるなんて、見る目がないですよ。

콘 나 니 이- 히토토와카레루 난 테 　미 루 메 가 나 이 데 스 요

이렇게 좋은 사람과 헤어지다니 보는 눈이 없네요.

미나

やっぱり、遠距離恋愛をする のは 難しいですね。 ❶

얍 파 리 　엥 쿄리 렝 아이오 스 루 노 와 무즈카시 - 데 스 네

역시 장거리 연애를 하는 건 어렵네요.

쥰

こんな時は飲みに行き ましょう ！ ❷

콘 나 토키 와 노 미 니 이 키 마 쇼 -

이럴 땐 술 마시러 가요!

📗 새단어

実は 지츠와 (부) 실은, 사실은 ｜ **やっぱり** 얍파리 (부) 역시 ｜ **こんな** 콘나 (부) 이런, 이러한

실생활에서 접할 수 있는 여러 가지 상황을 생각하며 패턴으로 말해 보세요.

❶ ～のは ～(하)는 건

'보통형+のは'는 '～(하)는 건'이라는 뜻으로 뒤에 나오는 내용을 강하게 말하고 싶을 때 쓰는 표현이에요.

これを作る
코 레 오 츠쿠루
이것을 만드

こんなに覚える
콘　나 니 오보 에 루
이렇게 외우

＋ のは
노 와
는 건

簡単ですね。
칸 탄 데 스 네
간단하네요.

難しいですね。
무즈카 시 - 데 스 네
어렵네요.

❷ ～ましょう ～하자, ～합시다

～ましょう는 '～하자, ～합시다'라는 뜻으로 상대방에게 무언가를 함께 하자고 권유할 때 쓰는 표현이에요.

遊びに行き
아소 비 니 이 키
놀러 갑

いっしょに食べ
잇　쇼 니 타 베
같이 먹읍

＋ ましょう!
마 쇼 -
시다!

📗 새단어

覚える 오보에루 (동) 외우다 ｜ 遊ぶ 아소부 (동) 놀다 ｜ いっしょに 잇쇼니 (부) 같이, 함께

연습 문제로 실력 다지GO!

1 음원을 듣고 빈칸에 들어갈 알맞은 말을 써 보세요. 🎧 **Track 12-07**

①

②

2 음원을 듣고 아래의 내용이 맞으면 O, 틀리면 X 표시해 보세요. 🎧 **Track 12-08**

① 남자는 애인에게 차였다.

② 여자는 애인과 장거리 연애를 했다.

3 보기를 보고 빈칸에 들어갈 알맞을 말을 찾아 써 보세요.

보기

振る　　　見る目　　　飲み　　　振られる

① 恋人を　　　　　　　　　
애인을 차다

② 　　　　　　に行く
술 마시러 가다

4 빈칸에 들어갈 알맞은 표현을 써 보세요.

① 本当に〔ほんとう〕 ___________________________ 。

진짜로 보는 눈이 없지.

② ___________________________ のは難〔むずか〕しいですね。

장거리 연애를 하는 건 어렵네요.

5 빈칸에 들어갈 알맞은 말을 쓰고 말해 보세요.

① 実〔じっ〕は昨日〔きのう〕___________________________ 。

실은 어제 애인에게 차였어요.

こんなに___________________、見〔み〕る目〔め〕がないですよ。

이렇게 좋은 사람과 헤어지다니 보는 눈이 없네요.

② やっぱり、遠距離恋愛〔えんきょりれんあい〕をするのは___________ 。

역시 장거리 연애를 하는 건 어렵네요.

こんな時〔とき〕は___________________________ ！

이럴 땐 술 마시러 가요!

정답 p181

13 | 월급

단어 알아보 GO!

음원을 들으며 제시된 단어를 따라 읽어 보세요.　🎧 Track 13-01

단어	읽는 법	의미
きゅう りょう 給料	큐-료-	명 월급
はい 入る	하이루	동 들어오다
せつ やく 節約	세츠야쿠	명 절약
ごちそう	고치소-	명 대접
ちょ きん 貯金	쵸킹	명 저금

표현으로 말문 트 GO!

음원을 들으며 제시된 표현을 따라 읽어 보세요.

듣고 따라 말하기 ☑◯◯◯◯

🎧 Track 13-02

① 

きゅうりょう　はい
給料が入る
큐- 료- 가 하이 루

월급이 들어오다

---

② 

せつやく
節約する
세츠 야쿠 스 루

절약하다, 아끼다

---

③ 

ごちそうする
고 치 소 - 스 루

대접하다, 한턱내다

---

④ 

ごちそうになる
고 치 소 - 니 나 루

대접받다, 얻어먹다

---

⑤ 

ちょきん
貯金する
쵸 킨 스 루

저금하다

말하 GO 써 보 GO!

음원을 들으며 확장된 문장을 따라 읽어 보세요.

1 今日、給料が入るよ！
쿄-　큐-료-가 하이루 요

2 自炊して節約しています。
지 스이 시 테 세츠야쿠 시 테 이 마 스

3 あと一週間節約しないといけないよ。
아 토 잇 슈- 칸 세츠야쿠 시 나 이 토 이 케 나 이 요

> **TIP** あと 뒤에 시간을 나타내는 표현이 오면, 앞으로 그 시간이 남아 있다는 뜻이에요.
> あと10分(앞으로 10분), あと一か月(앞으로 한 달) 이렇게 표현할 수 있어요.

4 じゃあ、これは私がごちそうするよ。
쟈 　-　　코 레 와 와타시가 고 치 소 - 스 루 요

5 コース料理をごちそうになった。
코 - 스 료- 리 오 고 치 소 - 니 낫 타

6 毎月2万円は貯金するようにしています。
마이 츠키니 망 엔 와 쵸 킨 스루 요- 니 시 테 이 마 스

🔖 새단어

今日 쿄- 몡 오늘 | 自炊する 지스이스루 통 직접 요리를 만들다, 자취하다 | あと 아토 빈 앞으로, 나중에 | じゃあ 쟈-
젭 그럼, 그러면 | コース 코스 몡 코스 | 毎月 마이츠키 몡 매달 | ~ように~ 요-니 ~하도록, ~하기 위해

제시된 우리말을 보고 일본어로 쓰고 말해 보세요.

1. 오늘 월급이 들어와!

힌트 월급 給料(きゅうりょう)

2. 직접 만들어 먹어서(자취해서) 절약하고 있어요.

힌트 절약 節約(せつやく)

3. 앞으로 일주일 아껴야 해.

힌트 앞으로 あと

4. 그럼 이건 내가 한턱낼게.

힌트 대접 ごちそう

5. 코스 요리를 대접받았어.

힌트 요리 料理(りょう り)

6. 매달 2만엔은 저금하도록 하고 있어요.

힌트 매달 毎月(まいつき)

다음 대화를 듣고 따라 말해 보세요.

보통
🎧 Track 13-05

빠르게
🎧 Track 13-06

쥰

今日、給料が入るよ！
코-　큐-료-가 하이 루 요

오늘 월급이 들어와!

새나

私は給料が入っても節約し ないといけない よ。①
와타시 와 큐-료-가　하잇 테 모 세츠야쿠 시 나 이 토 이 케 나 이 요

나는 월급이 들어와도 아껴야 해.

쥰

じゃあ、これは私がごちそうするよ。
쟈 -　코 레 와 와타시가 고 치 소 - 스 루 요

그럼 이건 내가 한턱낼게.

새나

ありがとう！これからは私が ちゃんと ② 貯金する！
아 리 가 토 -　코 레 카 라 와 와타시가　챤　토 쵸 킨 스 루

고마워! 앞으로는 내가 제대로 저금할게!

🟩 새단어

ありがとう 아리가토- 고마워 ｜ ちゃんと 챤토 ㊖ 제대로, 착실하게, 충분히

TIP '한턱내다'는 일본어로 ごちそうする 또는 おごる라고 해요. おごる는 보통 비용을 들여 대접할 때만 쓸 수 있는 표현인데 에 반해, ごちそうする는 비용을 들여 한턱내는 것 외에도 직접 음식을 만들어 대접할 때도 쓸 수 있는 표현이에요.

STEP 5　패턴으로 응용해 보 GO!

실생활에서 접할 수 있는 여러 가지 상황을 생각하며 패턴으로 말해 보세요.

❶

～ないといけない ～해야 한다, ～하지 않으면 안 된다

～ないといけない는 '～해야 한다, ～하지 않으면 안 된다'라는 뜻으로 의무나 당위성을
나타낼 때 쓰는 표현이에요. 줄여서 ～いけない 라고도 할 수 있어요.

ざんぎょう
残業し
장교- 시
야근해

そうじ
掃除し
소- 지 시
청소해

➕

ないといけない。
나 이 토 이 케 나 이
야 해.

❷

ちゃんと 제대로, 착실하게, 충분히

ちゃんと는 '제대로, 착실하게, 충분히'라는 뜻으로 당연히 지켜야 할, 해야 할 일에 대해
제대로 한다는 의미에 중점을 두는 표현이에요.

ちゃんと
챤　　토
제대로

➕

じゅんび
準備します。
쥼 비 시 마 스
준비할게요.

かくにん
確認しました。
카쿠닌 시 마 시 타
확인했습니다.

📗 **새단어**

ざんぎょう　　　　　　　　そうじ　　　　　　　　じゅんび　　　　　　　かくにん
残業 장교- 명 야근 | 掃除 소-지 명 청소 | 準備 쥼비 명 준비 | 確認 카쿠닝 명 확인

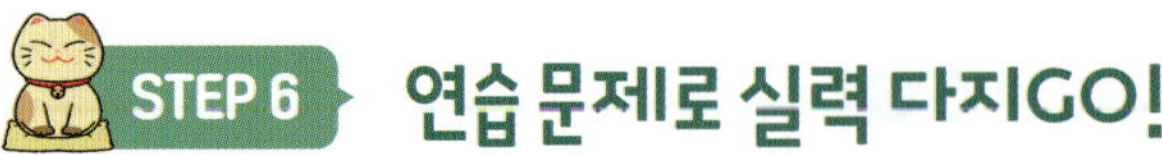

연습 문제로 실력 다지GO!

1 음원을 듣고 빈칸에 들어갈 알맞은 말을 써 보세요.　　🎧 Track 13-07

①

②

2 음원을 듣고 아래의 내용이 맞으면 O, 틀리면 X 표시해 보세요.　　🎧 Track 13-08

① 오늘은 월급날이다.

② 여자가 한턱낼 예정이다.

3 보기를 보고 빈칸에 들어갈 알맞을 말을 찾아 써 보세요.

보기

ごちそう	入^{はい}る	貯金^{ちょきん}	節約^{せつやく}

①

給料^{きゅうりょう}が

월급이 들어오다

②

する

절약하다, 아끼다

① 

じ すい
自炊して ＿＿＿＿＿＿＿＿＿＿＿ 。

직접 만들어 먹어서(자취해서) 절약하고 있어요.

② 

まいつき に まんえん
毎月2万円は ＿＿＿＿＿＿＿＿＿＿＿ 。

매달 2만엔은 저금하도록 하고 있어요.

5 빈칸에 들어갈 알맞은 말을 쓰고 말해 보세요.

①
きょう
今日、＿＿＿＿＿＿＿＿＿＿＿＿＿！

오늘 월급이 들어와!

わたし
私は＿＿＿＿＿＿＿＿＿＿＿ないといけないよ。

나는 월급이 들어와도 아껴야 해.

②
わたし
じゃあ、これは私が＿＿＿＿＿＿＿＿＿＿＿。

그럼 이건 내가 한턱낼게.

わたし
ありがとう！これからは私が＿＿＿＿＿＿＿！

고마워! 앞으로는 내가 제대로 저금할게!

정답 p182

14 | 휴가

 **STEP 1** ▸ 단어 알아보 GO!

음원을 들으며 제시된 단어를 따라 읽어 보세요.　🎧 **Track 14-01**

단어	읽는 법	의미
ゆうきゅう 有休	유-큐-	몡 연차
と 取る	토루	동 내다, 취하다
スケジュール	스케쥬-루	몡 스케줄
た 立てる	타테루	동 세우다, 짜다
ばく が 爆買い	바쿠가이	몡 폭풍 쇼핑
マッサージ	맛사-지	몡 마사지
う 受ける	우케루	동 받다
りょ こう 旅行	료코-	몡 여행
まん きつ 満喫	망키츠	몡 만끽

표현으로 말문 트 GO!

듣고 따라 말하기 ☑○○○○

음원을 들으며 제시된 표현을 따라 읽어 보세요.

🎧 Track 14-02

① 

ゆうきゅう を と
有休を取る
유 - 큐 - 오 토 루

연차를 내다

TIP '有休'는 '유급휴가'인 有給休暇의 줄임말이에요.

---

② 

た
スケジュールを立てる
스 케 쥬 - 루 오 타 테 루

스케줄을 세우다,
스케줄을 짜다

---

③ 

ばく が
爆買いする
바쿠 가 이 스 루

폭풍 쇼핑하다

---

④ 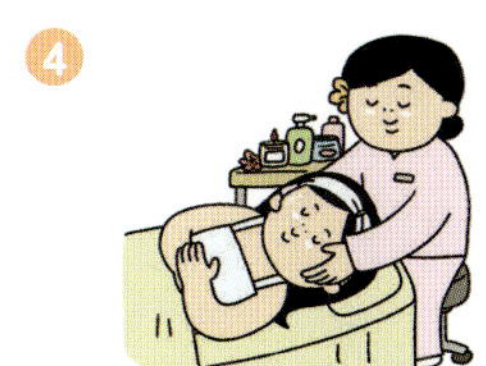

う
マッサージを受ける
맛 사 - 지 오 우 케 루

마사지를 받다

---

⑤ 

りょこう まんきつ
旅行を満喫する
료 코 - 오 망 키츠 스 루

여행을 만끽하다

반복 훈련하기 ☑○○○○

보통 🎧 Track 14-03 빠르게 🎧 Track 14-04

음원을 들으며 확장된 문장을 따라 읽어 보세요.

① 来月有休を取ってもいいですか。
라이게츠 유-큐- 오 톳 테 모 이-데 스 카

② 旅行のスケジュールを立てようか。
료 코- 노 스 케 쥬 - 루 오 타 테 요 - 카

③ ショッピングモールに行って爆買いしたい！
숍 핑 구 모- 루 니 잇 테 바쿠 가 이 시 타 이

④ もう爆買いするのは止めます。
모 - 바쿠 가 이 스 루 노 와 야 메 마 스

TIP 일본어에서 もう는 뜻이 많은 단어이기 때문에 문장을 통해 익히는 것을 추천해요.
여기에서 もう는 '이제, 더 이상'이라는 뜻으로 쓰였어요.

⑤ あとでマッサージも受けよう！
아 토 데 맛 사 -지 모 우 케 요 -

⑥ ハワイ旅行を満喫しました。
하 와 이 료 코- 오 망 키츠 시 마 시 타

📑 **새단어**

来月 라이게츠 다음 달 | ショッピングモール 숍핑구모-루 명 쇼핑몰 | もう 모- 부 이제, 더 이상 | 止める 야메루
동 관두다, 그만두다 | ハワイ 하와이 지명 하와이

제시된 우리말을 보고 일본어로 쓰고 말해 보세요.

1 다음 달에 연차를 내도 될까요?

힌트 연차 有休(ゆうきゅう)

2 여행 스케줄을 짤까?

힌트 여행 旅行(りょこう)

3 쇼핑몰에 가서 폭풍 쇼핑하고 싶어!

힌트 쇼핑몰 ショッピングモール

4 이제 폭풍 쇼핑하는 것은 관둘래요.

힌트 폭풍 쇼핑 爆買(ばくが)い

5 이따가 마사지도 받자!

힌트 마사지 マッサージ

6 하와이 여행을 만끽했어.

힌트 하와이 ハワイ

상황 말해 보 GO!

다음 대화를 듣고 따라 말해 보세요.

보통
🎧 Track 14-05

빠르게
🎧 Track 14-06

쥰

やっと有休を取ったよ！

얏 토유-큐-오 톳 타 요

겨우 연차를 냈어!

사나

じゃあ、旅行のスケジュールを立てよう か 。

쟈 - 료코-노 스케 쥬 -루오 타테 요 - 카

그럼 여행 스케줄을 짤까?

유키

まず、ショッピングモールに行って爆買いし たい ！

마 즈 숍 핑 구 모 - 루 니 잇 테 바쿠 가 이 시 타 이

일단 쇼핑몰에 가서 폭풍 쇼핑하고 싶어!

쥰

あ！ マッサージも受けよう！

아 맛 사 - 지 모 우 케 요 -

아! 마사지도 받자!

🔖 **새단어**

まず 마즈 🕙 일단, 우선, 먼저

TIP '연차를 내다'는 有休を取る 또는 有休を使う라고 해요. 연차는 직장인이라면 누구나 누릴 수 있는 권리여서 '취하다'라는 뜻의 取る와 '쓰다, 사용하다'라는 뜻의 使う를 쓰고 있어요.

STEP 5 ▸ 패턴으로 응용해 보 GO!

실생활에서 접할 수 있는 여러 가지 상황을 생각하며 패턴으로 말해 보세요.

① 동사 의지형 + **か** ~할까?

동사 의지형에 か'를 붙이면 '~할까?'라는 뜻이 돼요. 상대방에게 무언가를 같이 하자고 권유하거나 제안할 때 쓰는 반말 표현이에요.

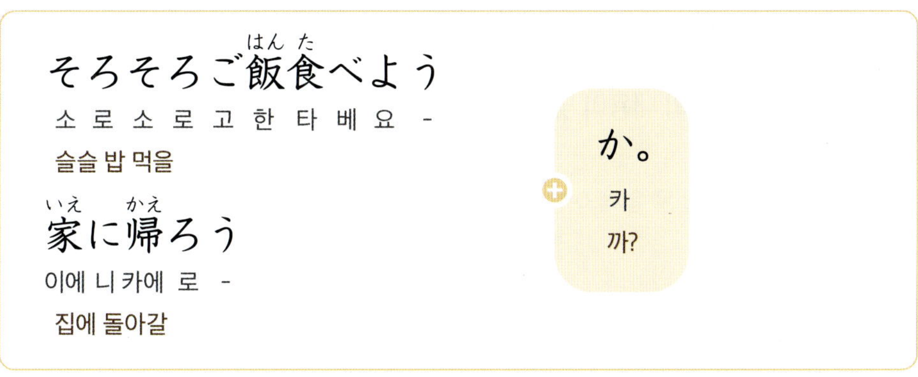

② **~たい** ~하고 싶다

~たい는 '~하고 싶다'라는 뜻으로 화자의 바람이나 희망을 나타낼 때 쓰는 표현이에요.

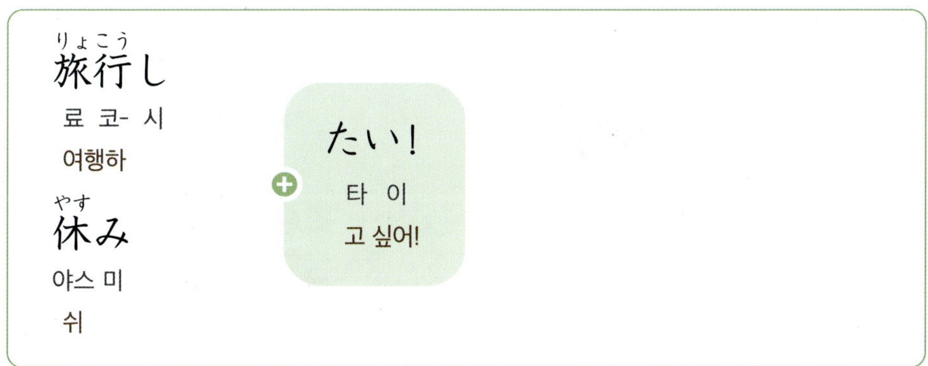

📗 **새단어**

そろそろ 소로소로 (부) 슬슬 | 家 이에 (명) 집

연습 문제로 실력 다지GO!

1 음원을 듣고 빈칸에 들어갈 알맞은 말을 써 보세요.　🎧 **Track 14-07**

①

②

2 음원을 듣고 아래의 내용이 맞으면 O, 틀리면 X 표시해 보세요.　🎧 **Track 14-08**

① 대화 속 인물들은 함께 여행을 갈 예정이다.

② 대화 속 인물들은 현재 쇼핑을 하고 있다.

3 보기를 보고 빈칸에 들어갈 알맞을 말을 찾아 써 보세요.

보기

スケジュール　　マッサージ　　立^たてる　　満喫^{まんきつ}する

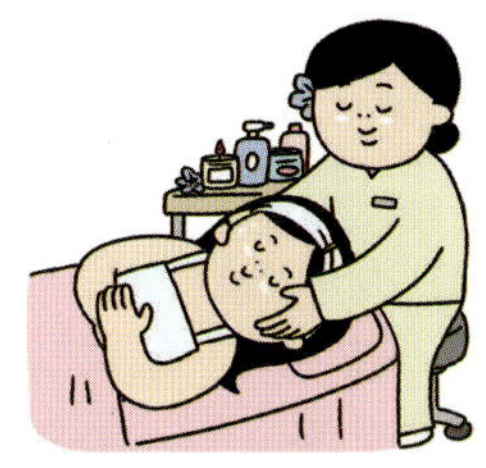

① 　　　　を受^うける

마사지를 받다

② 旅行^{りょこう}を　　　　

여행을 만끽하다

4 빈칸에 들어갈 알맞은 표현을 써 보세요.

①

来月 _______________ いいですか。

다음 달에 연차를 내도 될까요?

②

もう _______________ のは止めます。

이제 폭풍 쇼핑하는 것은 관둘래요.

5 빈칸에 들어갈 알맞은 말을 쓰고 말해 보세요.

①

_______________ 有休を取ったよ！

겨우 연차를 냈어!

じゃあ、_______________ を立てようか。

그럼 여행 스케줄을 짤까?

②

まず、_______________ に行って爆買いしたい！

일단 쇼핑몰에 가서 폭풍 쇼핑하고 싶어!

あ！_______________ 受けよう！

아! 마사지도 받자!

정답 p182

15 | 회식

STEP 1 ▸ 단어 알아보 GO!

음원을 들으며 제시된 단어를 따라 읽어 보세요.　　🎧 Track 15-01

단어	읽는 법	의미
売り上げ	우리아게	명 매출
上がる	아가루	동 오르다
打ち上げ	우치아게	명 뒤풀이
とことん	토코통	명 끝, 끝까지
飲む	노무	동 마시다
お酒	오사케	명 술
弱い	요와이	형 약하다
強い	츠요이	형 세다, 강하다

STEP 2 ▶ 표현으로 말문 트 GO!

듣고 따라 말하기 ☑○○○○

음원을 들으며 제시된 표현을 따라 읽어 보세요.

🎧 **Track 15-02**

---

① 

売り上げが上がる
우 리 아 게 가 아 가 루

매출이 오르다

---

②

打ち上げをする
우 치 아 게 오 스 루

뒤풀이를 하다

---

③

とことん飲む
토 코 톤 노 무

끝까지 마시다

---

④ 

お酒に弱い
오 사케 니 요와 이

술이 약하다

> **TIP** 술을 잘못 마신다는 뜻의 '술이 약하다'는 お酒に弱い라고 하고,
> '술의 도수가 약하다'고 말할 때는 お酒が弱い라고 해요.

---

⑤ 

お酒に強い
오 사케 니 츠요 이

술이 세다, 술이 강하다

반복 훈련하기 ☑〇〇〇〇

보통
🎧 Track 15-03

빠르게
🎧 Track 15-04

음원을 들으며 확장된 문장을 따라 읽어 보세요.

1 売り上げが上がりましたね!

우 리 아 게 가 아 가 리 마 시 타 네

2 久しぶりに打ち上げしましょうか。

히사 시 부 리 니 우 치 아 게 시 마 쇼 ㅡ 카

3 今日どこで打ち上げする。

쿄ㅡ 도 코 데 우 치 아 게 스 루

4 今日はとことん飲みましょう!

쿄ㅡ 와 토 코 톤 노 미 마 쇼 ㅡ

5 お酒に弱い人はこれ飲まない方がいいよ。

오 사케 니 요와 이 히토 와 코 레 노 마 나 이 호ㅡ 가 이 ㅡ 요

6 彼女は誰よりもお酒に強いです。

카노 죠 와 다레 요 리 모 오 사케 니 츠요 이 데 스

📗 **새단어**

彼女 카노죠 ⑪ 그녀 | 誰 다레 ⑪ 누구 | ~より ~요리 ⑭ ~보다

제시된 우리말을 보고 일본어로 쓰고 말해 보세요.

1 매출이 올랐네요!

2 오랜만에 뒤풀이 할까요?

3 오늘 어디서 뒤풀이 할래?

4 오늘은 끝까지 마십시다!

5 술이 약한 사람은 이거 안 마시는 게 좋아.

6 그녀는 누구보다도 술이 세요.

상황 말해 보 GO!

다음 대화를 듣고 따라 말해 보세요.

보통 🎧 Track 15-05　　빠르게 🎧 Track 15-06

①

줜

わー 売り上げが上がりましたね！

와 - 우 리 아 게 가 아 가 리 마 시 타 네

와~ 매출이 올랐네요!

사나

プロジェクトも終わったから、打ち上げしましょうか。

프 로 제 쿠 토 모 오　왓 타 카 라　우 치 아 게 시 마　쇼 - 카

프로젝트도 끝났으니까, 뒤풀이 할까요?

줜

いいですね！今日はとことん飲みましょう！

이 - 데 스 네　쿄- 와 토 코 톤 노 미 마　쇼 -

좋네요! 오늘은 끝까지 마십시다!

②

사나

ジュンさんはだめですよ。お酒に弱いですから。

줜　상　와 다 메 데 스 요　오 사 케 니 요 와 이 데 스 카 라

준 씨는 안 돼요. 술이 약하니까요.

🔖 새단어

プロジェクト 프로제쿠토 ⑲ 프로젝트 | 終わる 오와루 ⑧ 끝나다 | だめだ 다메다 ⑲ 안 된다

TIP 우리나라에서는 상대방의 술잔이 비워지면 술을 따라주는 것이 매너지만, 일본에서는 상대방의 잔이 비기 전에 술을 티 띠리꾸는 깃이 매니예요. 싱대빙의 진이 비기 직진에 どうぞ라고 밀ㅎ면서 따라주면 돼요.

 **STEP 5** 패턴으로 응용해 보 GO!

실생활에서 접할 수 있는 여러 가지 상황을 생각하며 패턴으로 말해 보세요.

❶ わー 와~

わーは '와~'라는 뜻으로 놀라거나 감동했을 때 내는 감탄사예요.

> **わー**
> 와 -
> 와~
>
> ＋
>
> **おめでとうございます。**
> 오 메 데 토 - 고 자 이 마 스
> 축하드려요.
>
> **美味しそうですね。**
> 오 이 시 소 - 데 스 네
> 맛있겠네요.

❷ ～だめです ~안 돼요

～だめです는 '～안 돼요'라는 뜻으로 상대방의 좋지 않은 행동에 대해 정중하게 주의를 줄 때 쓰는 표현이에요.

> **撮影は**
> 사츠 에- 와
> 촬영은
>
> **飲食は**
> 인 쇼쿠 와
> 음식은
>
> ＋
>
> **だめです。**
> 다 메 데 스
> 안 돼요.

📑 새단어

おめでとう 오메데토- 축하해 | 美味しい 오이시- 형 맛있다 | 撮影 사츠에- 명 촬영 | 飲食 인쇼쿠 명 음식

연습 문제로 실력 다지GO!

1 음원을 듣고 빈칸에 들어갈 알맞은 말을 써 보세요.　　🎧 **Track 15-07**

①

②

2 음원을 듣고 아래의 내용이 맞으면 O, 틀리면 X 표시해 보세요.　　🎧 **Track 15-08**

① 그들은 뒤풀이를 할 예정이다.

② 준 씨는 술이 세다.

3 보기를 보고 빈칸에 들어갈 알맞을 말을 찾아 써 보세요.

보기

強い　　　とことん　　　弱い　　　売り上げ

① 　　　が上がる

매출이 오르다

② 　　　飲む

끝까지 마시다

4 빈칸에 들어갈 알맞은 표현을 써 보세요.

① 今日どこで   。

오늘 어디서 뒤풀이 할래?

② お酒に弱い人は   。

술이 약한 사람은 이거 안 마시는 게 좋아.

5 빈칸에 들어갈 알맞은 말을 쓰고 말해 보세요.

① わー売り上げが＿＿＿＿＿＿＿＿＿！

와~ 매출이 올랐네요!

＿＿＿＿＿も終わったから、打ち上げしましょうか。

프로젝트도 끝났으니까, 뒤풀이 할까요?

② いいですね！今日は＿＿＿＿＿＿＿＿＿＿！

좋네요! 오늘은 끝까지 마십시다!

ジュンさんはだめですよ。＿＿＿＿＿＿＿＿＿。

준 씨는 안 돼요. 술이 약하니까요.

정답 p183

16 | 퇴사

STEP 1 ▸ 단어 알아보 GO!

음원을 들으며 제시된 단어를 따라 읽어 보세요.　🎧 **Track 16-01**

단어	읽는 법	의미
めん せつ 面接	멘세츠	몡 면접
う 受ける	우케루	동 보다
たいしょく 退職	타이쇼쿠	몡 퇴사
きん む 勤務	킴무	몡 근무
ひ　こ 引っ越し	힛코시	몡 이사
てんしょく 転職	텐쇼쿠	몡 이직

음원을 들으며 제시된 표현을 따라 읽어 보세요.

🎧 **Track 16-02**

① 

めんせつ　　う
面接を受ける

멘 세츠 오 우 케 루

면접을 보다

TIP 受ける는 단순히 '시각적으로 보다'라는 의미의 見る가 아니라 '치르다'라는 의미로
'면접을 보다', '시험을 보다'라고 말할 때 사용해요.

② 

たいしょく
退職する

타이쇼쿠 스 루

퇴사하다

TIP 退社する는 '퇴근하다'라는 뜻 외에 '퇴사하다'라는 뜻도 있어요.

③ 

きん む
勤務する

킴 무 스 루

근무하다

④ 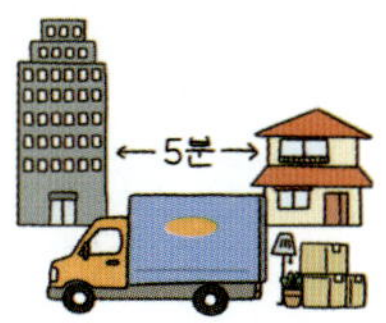

ひ　　こ
引っ越しする

힛　코 시 스 루

이사하다

⑤ 

てんしょく
転職する

텐 쇼쿠 스 루

이직하다

음원을 들으며 확장된 문장을 따라 읽어 보세요.

1 面接を受けた会社はどうなったの。

멘 세츠 오 우 케 타 카이 샤 와 도 - 낫 타 노

2 来週、退職する。

라이 슈- 　타이쇼쿠 스 루

3 勤務する場所は遠いの。

킴 무 스 루 바 쇼 와 토- 이 노

4 本店に勤務することになりました。

혼 텐 니 킴 무 스 루 코 토 니 나 리 마 시 타

TIP ~ことになる는 '~하게 되다'는 뜻의 문형이에요.

5 遠いから引っ越しする予定。

토- 이 카 라 힛 코 시 스 루 요 테-

6 転職するために履歴書を書いています。

텐 쇼쿠 스 루 타 메 니 리 레키 쇼 오 카 이 테 이 마 스

🔖 **새단어**

会社 카이샤 (명) 회사 | 来週 라이슈- 다음 주 | 場所 바쇼 (명) 장소 | 遠い 토-이 (형) 멀다 | 本店 혼텐 (명) 본점 |
予定 요테- (명) 예정 | ~ために ~타메니 ~위해서 | 履歴書 리레키쇼 (명) 이력서 | 書く 카쿠 (동) 쓰다

제시된 우리말을 보고 일본어로 쓰고 말해 보세요.

1 면접을 본 회사는 어떻게 됐어?

2 다음 주에 퇴사해.

3 근무할 장소는 멀어?

4 본점에 근무하게 되었어요.

5 머니까 이사할 예정이야.

6 이직하기 위해 이력서를 쓰고 있어요.

 **STEP 4** ▸ **상황 말해 보 GO!**

다음 대화를 듣고 따라 말해 보세요.

보통 **🎧 Track 16-05**　빠르게 **🎧 Track 16-06**

쥰

面接を受けた会社は どうなったの 。①
멘 세 츠 오 우 케 타 카이 샤 와　도 -　낫　타 노

면접을 본 회사는 어떻게 됐어?

사나

受かったよ！ 来週、 退職する。
우　캇　타　요　라이 슈-　타이 쇼쿠 스 루

붙었어! 다음 주에 퇴사해.

쥰

おめでとう！ 勤務する場所は遠いの。
오 메 데 토 -　킴 무 스 루 바 쇼 와 토- 이 노

축하해! 근무할 장소는 멀어?

사나

実家から遠いから引っ越しする 予定 。②
직 카 카 라 토- 이 카 라　힛　코 시 스 루　요 테-

본가에서 머니까 이사할 예정이야.

🔖 **새단어**

受かる 우카루 ⑧ 붙다, 합격하다 ｜ 実家 직카 ⑲ 본가

패턴으로 응용해 보 GO!

실생활에서 접할 수 있는 여러 가지 상황을 생각하며 패턴으로 말해 보세요.

①

どうなったの 어떻게 됐어?

どうなったの는 '어떻게 됐어?'라는 뜻으로 진행 상황이나 상태가 어떻게 되었는지를 물을 때 쓰는 표현이에요. の를 붙여서 말하면 좀 더 부드러운 뉘앙스를 줄 수 있어요.

かれ　　　　　かのじょ
彼とは / 彼女とは
카레 토 와　카노죠 토 와
　그와는 / 그녀와는

けつまつ
結末は
케츠 마츠 와
　결말은

➕ どうなったの。
도 - 낫 타 노
어떻게 됐어?

②

よ てい
予定 예정

よてい
予定는 '예정'이라는 뜻으로 이미 정해진 계획이나 스케줄을 말할 때 사용해요. つもり와 다르게 구체적인 계획이 확정되지 않았을 때도 쓸 수 있어요.

らいげつ に ほん　 い
来月日本に行く
라이게츠니 혼 니 이 쿠
　다음 달에 일본에 갈

じゅう じ　　とうちゃく
10時に到着する
쥬- 지 니 토- 챠쿠스 루
10시에 도착할

➕ 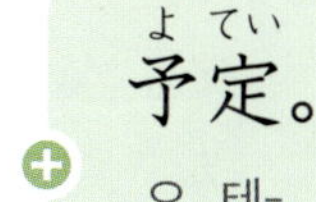
よ てい
予定。
요 테-
예정이야.

🔖 새단어

けつまつ
結末 케츠마츠 명 결말 | とうちゃく
到着する 토-챠쿠스루 동 도착하다

1 음원을 듣고 빈칸에 들어갈 알맞은 말을 써 보세요.　🎧 Track 16-07

①

②

2 음원을 듣고 아래의 내용이 맞으면 O, 틀리면 X 표시해 보세요.　🎧 Track 16-08

① 여자는 면접에서 떨어졌다.

② 여자는 이사할 예정이다.

3 보기를 보고 빈칸에 들어갈 알맞을 말을 찾아 써 보세요.

보기

めんせつ　　　てんしょく　　　ひ　こ　　　　たいしょく
面接　　　　転職　　　　引っ越し　　　　退職

① 

　　　　する

퇴사하다

② 

　　　　する

이직하다

 빈칸에 들어갈 알맞은 표현을 써 보세요.

① 

ことになりました。

본점에 근무하게 되었어요.

② 

<ruby>転職<rt>てんしょく</rt></ruby>するために

。

이직하기 위해 이력서를 쓰고 있어요.

 빈칸에 들어갈 알맞은 말을 쓰고 말해 보세요.

① 

＿＿＿＿＿＿＿＿＿＿＿＿＿＿＿＿<ruby>会社<rt>かいしゃ</rt></ruby>はどうなったの。

면접을 본 회사는 어떻게 됐어?

<ruby>受<rt>う</rt></ruby>かったよ！＿＿＿＿＿＿＿＿＿＿＿＿＿。

붙었어! 다음 주에 퇴사해.

② 

＿＿＿＿＿＿＿＿＿！<ruby>勤務<rt>きんむ</rt></ruby>する<ruby>場所<rt>ばしょ</rt></ruby>は<ruby>遠<rt>とお</rt></ruby>いの。

축하해! 근무할 장소는 멀어?

<ruby>実家<rt>じっか</rt></ruby>から<ruby>遠<rt>とお</rt></ruby>いから＿＿＿＿＿＿＿＿＿＿＿＿＿＿＿＿。

본가에서 머니까 이사할 예정이야.

정답 p183

17 | 헤어 스타일

 **STEP 1** 단어 알아보 GO!

음원을 들으며 제시된 단어를 따라 읽어 보세요.　🎧 Track 17-01

단어	읽는 법	의미
イメチェン	이메첸	명 이미지 변신
パーマ	파—마	명 파마
かける	카케루	동 (파마를) 하다
髪 (かみ)	카미	명 머리, 머리카락
いたむ	이타무	동 상하다
前髪 (まえ がみ)	마에가미	명 앞머리
切る (き)	키루	동 자르다
すく	스쿠	동 숱 치다

STEP 2 표현으로 말문 트 GO!

듣고 따라 말하기 ☑○○○○

음원을 들으며 제시된 표현을 따라 읽어 보세요.

🎧 Track 17-02

---

1 

イメチェンする
이 메 첸 스 루

이미지 변신하다

TIP イメチェンはイメージチェンジの 줄임말이에요.

---

2 

パーマをかける
파 - 마 오 카 케 루

파마를 하다

---

3 

かみ
髪がいたむ
카미 가 이 타 무

머리가 상하다

TIP '머리'를 직역하면 頭(あたま)이지만 '머리카락'은 髪(かみ)라고 해요.

---

4 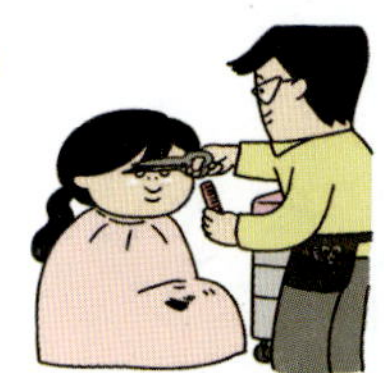

まえがみ　　き
前髪を切る
마에가미 오 키 루

앞머리를 자르다

---

5 

かみ
髪をすく
카미 오 스 쿠

머리숱을 치다

음원을 들으며 확장된 문장을 따라 읽어 보세요.

①　髪を短く切ってイメチェンした。

카미 오 미지카쿠　킷　테 이 메　첸　시 타

②　パーマをかけるのはどうですか。

파 - 마 오 카 케 루 노 와 도 - 데 스 카

③　髪がいたまないですか。

카미 가 이 타 마 나 이 데 스 카

④　カラーは髪がいたむよ。

카 라 - 와 카미 가 이 타 무 요

⑤　前髪も切りましょう。

마에 가미 모 키 리 마　쇼　-

⑥　髪の毛が多いので髪をすいてください。

카미 노 케 가 오-이 노 데 카미 오 스 이 테 쿠 다 사 이

🔖 **새단어**

短い 미지카이 <형> 짧다 ｜ カラー 카라- <명> 염색 ｜ 毛 케 <명> 털 ｜ ~ので ~노데 <조> ~니까, ~므로

제시된 우리말을 보고 일본어로 쓰고 말해 보세요.

1 머리를 짧게 자르고 이미지 변신했어.

힌트 짧다 短い

2 파마를 하는 건 어때요?

힌트 파마 パーマ

3 머리가 상하지 않나요?

힌트 상하다 いたむ

4 염색은 머리가 상해.

힌트 염색 カラー

5 앞머리도 자릅시다.

힌트 앞머리 前髪

6 머리숱이 많으니 숱을 쳐 주세요.

힌트 많다 多い

상황 말해 보 GO!

다음 대화를 듣고 따라 말해 보세요.

미나

イメチェンしたくて……。

이 메 첸 　 시 타 쿠 테

이미지 변신하고 싶어서요…….

이발사

パーマをかけるのはどうですか。

파 － 마 오 카 케 루 노 와 도 － 데 스 카

파마를 하는 건 어때요?

미나

髪^{かみ} ❶ **がいたまないですか**。

카 미 가 이 타 마 나 이 데 스 카

머리가 상하지 않나요?

이발사

トリートメントをし ❷ **たら大丈夫です**。
^{だいじょう ぶ}

토 리 － 토 멘 토 오 시 타 라 다이죠-부 데 스

트리트먼트를 하면 괜찮아요.

📗 새단어

トリートメント 토리-토멘토 (명) 트리트먼트 | 大丈夫だ^{だいじょう ぶ} 다이죠-부다 (형) 괜찮다

TIP <앞머리 표현>

ぱっつん 일자 앞머리 　|　 オールバック 올백 　|　 オン眉^{まゆ} 처피뱅

실생활에서 접할 수 있는 여러 가지 상황을 생각하며 패턴으로 말해 보세요.

❶ ～がいたまないですか ～이(가) 상하지 않나요?

～がいたまないですか는 '～이(가) 상하지 않나요?'라는 뜻으로 머리가 손상되거나 음식 등이 상했을 때 자주 사용하는 표현이에요.

すし
스 시
초밥

ぎゅうにゅう
규 - 뉴 -
우유

➕ がいたまないですか。
가 이 타 마 나 이 데 스 카
～이(가) 상하지 않나요?

❷ ～たら大丈夫です ～하면 괜찮아요

～たら大丈夫です는 '～하면 괜찮아요'라는 뜻이에요. 한편 大丈夫는 상황에 따라 '괜찮다, 문제없다' 긍정의 의미로 사용되기도 하고, '괜찮다, 됐다' 거절이나 사양의 의미로 사용되는 경우도 있으니 뉘앙스 차이를 잘 알아 두세요.

練習をし
렌 슈- 오 시
연습을 하

手術をし
슈 쥬츠 오 시
수술을 하

➕ たら大丈夫です。
타 라 다이 죠- 부 데 스
면 괜찮아요.

🔖 새단어

すし 스시 ⑲ 초밥 ┃ ぎゅうにゅう 규-뉴- ⑲ 우유 ┃ 練習 렌슈- ⑲ 연습 ┃ 手術 슈쥬츠 ⑲ 수술

연습 문제로 실력 다지GO!

1 음원을 듣고 빈칸에 들어갈 알맞은 말을 써 보세요.　　🎧 Track 17-07

❶

❷

2 음원을 듣고 아래의 내용이 맞으면 O, 틀리면 X 표시해 보세요.　　🎧 Track 17-08

❶ 대화를 나누고 있는 장소는 피부과이다.

❷ 여자는 이미지 변신을 하고 싶어 한다.

3 보기를 보고 빈칸에 들어갈 알맞을 말을 찾아 써 보세요.

> **보기**
>
> まえがみ
> 前髪　　かける　　すく　　いたむ

❶ パーマを ▢

파마를 하다

かみ
❷ 髪を ▢

머리숱을 치다

4 빈칸에 들어갈 알맞은 표현을 써 보세요.

① 　　　　　　　　　　　　イメチェンした。

머리를 짧게 자르고 이미지 변신했어.

② 　カラーは　　　　　　　　　　　　　　。

염색은 머리가 상해.

5 빈칸에 들어갈 알맞은 말을 쓰고 말해 보세요.

① ______________________……。

이미지 변신하고 싶어서요…….

______________________ のはどうですか。

파마를 하는 건 어때요?

② 　______________________ ですか。

머리가 상하지 않나요?

　トリートメントをし______。

트리트먼트를 하면 괜찮아요.

정답 p184

18 | 퍼스널 컬러

STEP 1 ▶ 단어 알아보 GO!

음원을 들으며 제시된 단어를 따라 읽어 보세요.　🎧 **Track 18-01**

단어	읽는 법	의미
血色 (けっしょく)	켓쇼쿠	명 혈색
診断 (しんだん)	신당	명 진단
受ける (う)	우케루	동 받다
印象 (いんしょう)	인쇼–	명 인상
変わる (か)	카와루	동 바뀌다, 달라지다
勘違い (かんちが)	칸치가이	명 착각
垢 (あか)	아카	명 때
抜ける (ぬ)	누케루	동 벗다

STEP 2 　표현으로 말문 트 GO!

음원을 들으며 제시된 표현을 따라 읽어 보세요.

듣고 따라 말하기 ☑○○○○

🎧 Track 18-02

① 

けっしょく
血色がいい
켓 쇼쿠 가 이 -

혈색이 좋다

② 

しんだん　　う
診断を受ける
신 당 오우 케 루

진단을 받다

③ 

いんしょう　　か
印象が変わる
인 쇼- 가 카 와 루

인상이 바뀌다,
인상이 달라지다

④ 

かんちが
勘違いする
칸 치가 이 스 루

착각하다

⑤ 

あか ぬ
垢抜ける
아카 누 케 루

때가 벗다,
촌티가 없이 세련되다

음원을 들으며 확장된 문장을 따라 읽어 보세요.

① 今日、なんだか血色がいいね！
코- 　난 다 카 켓 쇼쿠 가 이 - 네

② パーソナルカラー診断を受けて、化粧変えた。
파 - 소 나 루 카 라 - 신 당 오 우 케 테　케 쇼- 카 에 타

③ なんだか印象が変わったよ！
난 다 카 인 쇼- 가 카 왓 타 요

④ 髪を切って印象が変わりましたね。
카 미 오 킷 테 인 쇼- 가 카 와 리 마 시 타 네

⑤ 勘違いしてしまいました。
칸 치 가 이 시 테 시 마 이 마 시 타

⑥ アイシャドーの色を変えたら垢抜けました。
아 이 샤 도 - 노 이 로 오 카 에 타 라 아 카 누 케 마 시 타

📗 **새단어**

パーソナルカラー 파-소나루카라- 몡 퍼스널 컬러 | 化粧 케쇼- 몡 화장 | 変える 카에루 동 바꾸다 |
~てしまう ~테시마우 ~해 버리다 | アイシャドー 아이샤도- 몡 아이섀도 | 色 이로 몡 색, 색깔 | ~たら ~타라
~했더니

제시된 우리말을 보고 일본어로 쓰고 말해 보세요.

1. 오늘 왠지 혈색이 좋네!

힌트 왠지 なんだか

2. 퍼스널 컬러 진단을 받고 화장 바꿨어.

힌트 진단 診断

3. 왠지 인상이 달라졌어!

힌트 인상 印象

4. 머리를 자르고 인상이 바뀌었네요.

힌트 머리, 머리카락 髪

5. 착각해 버렸어요.

힌트 착각 勘違い

6. 아이섀도 색을 바꿨더니 세련돼졌어요.

힌트 아이섀도 アイシャドー

상황 말해 보 GO!

다음 대화를 듣고 따라 말해 보세요.

보통 🎧 Track 18-05　　빠르게 🎧 Track 18-06

하루

今日、なんだか 血色がいいね！

쿄- 난 다 카 켓쇼쿠가 이 - 네

오늘 왠지 혈색이 좋네!

와카나

パーソナルカラー診断を受けて、化粧変えた。

파 - 소나루카라 - 신 당 오 우 케 테 케 쇼-카 에 타

퍼스널 컬러 진단을 받고 화장 바꿨어.

하루

やっぱり！印象が変わったよ！

얍 파 리 인 쇼-가 카 왓 타 요

역시! 인상이 달라졌어!

와카나

今まで勘違いしてた。私、ブルベだったよ。

이마 마 데 칸치가 이 시 테 타 와타시 부루베 닷 타 요

지금까지 착각하고 있었어. 나 쿨톤이었어.

📗 새단어

今まで 이마마데 (부) 지금까지 ｜ ブルベ 부루베 (명) 쿨톤

TIP ブルベ는 '쿨톤'이라는 뜻으로 ブルーベース의 줄임말이고, イエベ는 '웜톤'이라는 뜻으로 イエローベース의 줄임말이에요.

패턴으로 응용해 보 GO!

실생활에서 접할 수 있는 여러 가지 상황을 생각하며 패턴으로 말해 보세요.

❶ なんだか 왠지

なんだか는 '왠지'라는 뜻으로 원인이나 이유는 잘 모르지만 뚜렷한 이유도 없이 평소와 다르다고 느낄 때 사용하는 표현이에요.

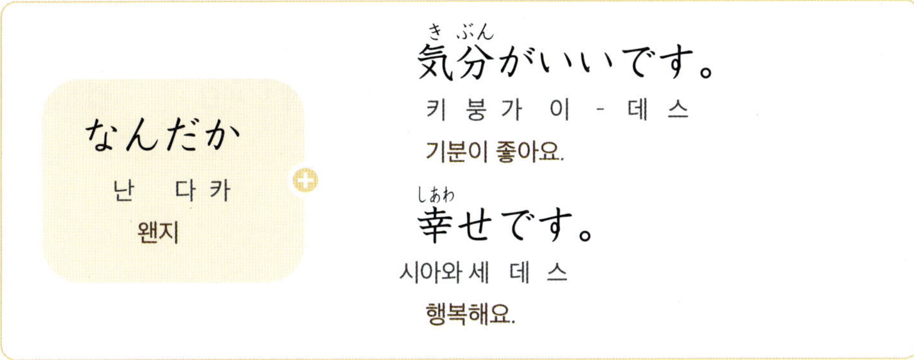

❷ やっぱり 역시

やっぱり는 '역시'라는 뜻으로 やはり의 캐주얼한 표현이에요.

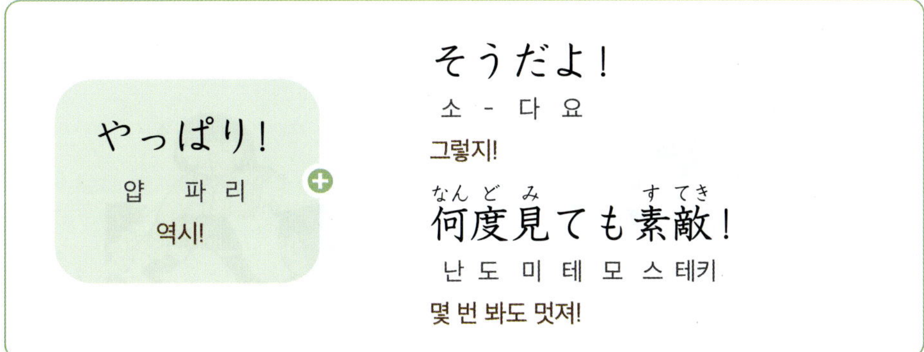

📑 새단어

気分 키붕 몡 기분 | 幸せ 시아와세 몡 행복 | 何度 난도 몇 번 | 素敵だ 스테키다 혱 멋지다, 훌륭하다

STEP 6 ▸ 연습 문제로 실력 다지GO!

1 음원을 듣고 빈칸에 들어갈 알맞은 말을 써 보세요.　🎧 Track 18-07

①

②

2 음원을 듣고 아래의 내용이 맞으면 O, 틀리면 X 표시해 보세요.　🎧 Track 18-08

① 여자의 피부톤은 웜톤이다.

② 여자는 화장톤을 바꿨다.

3 보기를 보고 빈칸에 들어갈 알맞을 말을 찾아 써 보세요.

보기

けっしょく	う	いんしょう	ぬ
血色	受ける	印象	抜ける

①

がいい

혈색이 좋다

②

あか
垢

때가 벗다, 촌티가 없이 세련되다

① 
^{かみ}髪を^き切って ＿＿＿＿＿＿＿＿ 。

머리를 자르고 인상이 바뀌었네요.

② ＿＿＿＿＿＿＿を^か変えたら^{あかぬ}垢抜けました。

아이섀도 색을 바꿨더니 세련돼졌어요.

① ^{きょう}今日、＿＿＿＿＿＿＿＿＿＿＿＿＿ ！

오늘 왠지 혈색이 좋네!

パーソナルカラー^{しんだん}診断を^う受けて、＿＿＿＿＿＿。

퍼스널 컬러 진단을 받고 화장 바꿨어.

② やっぱり！＿＿＿＿＿＿＿＿＿＿ ！

역시! 인상이 달라졌어!

^{いま}今まで^{かんちが}勘違いしてた。＿＿＿＿＿＿＿＿。

지금까지 착각하고 있었어. 나 쿨톤이었어.

정답 p184

19 | 병원

STEP 1 ▸ 단어 알아보 GO!

음원을 들으며 제시된 단어를 따라 읽어 보세요.　🎧 **Track 19-01**

단어	읽는 법	의미
のど	노도	명 목
^{いた}痛い	이타이	형 아프다
たん	탕	명 가래
^{せき}咳	세키	명 기침
^{しょ ほう}処方	쇼호–	명 처방
^{さむ け}寒気	사무케	명 오한
^{ねつ}熱	네츠	명 열

듣고 따라 말하기 ☑◯◯◯◯

음원을 들으며 제시된 표현을 따라 읽어 보세요.

🎧 **Track 19-02**

① 

のどが痛い
노 도 가 이타 이

목이 아프다

TIP のど는 목 안쪽, 즉 '목구멍'을 뜻해요. 겉으로 보이는 '목'을 말할 때는 首라고 해요.

---

② 

たんが出る
탕 가 데 루

가래가 나오다

---

③ 

咳が出る
세키 가 데 루

기침이 나다

---

④ 

処方する
쇼 호- 스 루

처방하다

---

⑤ 

寒気がする
사무 케 가 스 루

오한이 나다

---

⑥ 

熱が出る
네츠 가 데 루

열이 나다

음원을 들으며 확장된 문장을 따라 읽어 보세요.

① のどが痛くて、頭痛がひどいです。

노도 가 이타 쿠 테 즈 츠- 가 히 도 이 데 스

② たんが出ますか。

탕 가 데 마 스 카

③ 朝から咳が出ます。

아사 카 라 세키 가 데 마 스

④ 咳が出て、夜ぐっすり寝られない。

세키 가 데 테 요루 굿 스 리 네 라 레 나 이

⑤ 三日分の薬を処方しますね。

믹카 분 노쿠스리오 쇼 호- 시 마 스 네

TIP 수량이나 시간 명사 뒤에 오는 分은 분량의 뜻을 나타내요. '~치, ~분'이라고 해석하면 돼요.

⑥ 熱も出て、寒気がする。

네츠 모 데 테 사무 케 가 스 루

📑 **새단어**

頭痛 즈츠- 몡 두통 | ひどい 히도이 혱 심하다 | 朝から 아사카라 븡 아침부터 | 夜 요루 몡 밤 |
ぐっすり 굿스리 븡 푹(깊이 잠든 모양) | ~分 ~분 븡 ~치, ~분(분량을 의미) | 薬 쿠스리 몡 약

제시된 우리말을 보고 일본어로 쓰고 말해 보세요.

1 목이 아프고 두통이 심해요.

2 가래가 나와요?

3 아침부터 기침이 나요.

4 기침이 나서 밤에 푹 못 자(잘 수 없어).

5 3일치 약을 처방할게요.

6 열도 나고, 오한이 나요.

 **STEP 4** 상황 말해 보 GO!

다음 대화를 듣고 따라 말해 보세요.

하루토

昨日からのどが痛くて、頭痛 がひどい です。

키노- 카 라 노 도 가 이타 쿠 테　즈 츠- 가 히 도 이 데 스

어제부터 목이 아프고 두통이 심해요.

의사

たんが出ますか。

탕 가 데 마 스 카

가래가 나와요?

하루토

はい。あと、咳が出ます。

하 이　아 토　세키 가 데 마 스

네, 그리고 기침이 나요.

의사

風邪です。三日分の薬を処方しますね。

카 제 데 스　믹카 분 노쿠스리오쇼 호- 시 마 스 네

감기예요. 3일치 약을 처방할게요.

📗 **새단어**

あと 아토 ㉵ 그리고 | 風邪 카제 ㉱ 감기

TIP 일본에서는 예전부터 감기를 치료하는 유명한 민간 요법이 있는데, 그중 하나가 바로 구운 파를 목에 감는 거예요. 갓 구운 파가 뜨끈해서 목에 두루면 땀이 싹 빠지면서 개운함을 느낄 수 있다고 해요. 그 밖에도 따뜻하게 데운 술에 설탕과 계란을 넣은 후 계란 주를 마시는 것과 무에 꿀을 뿌려 먹는 것이 있어요.

패턴으로 응용해 보 GO!

실생활에서 접할 수 있는 여러 가지 상황을 생각하며 패턴으로 말해 보세요.

①

～がひどい ～이(가) 심하다

~がひどい는 '~이(가) 심하다'라는 뜻으로 정도나 상태가 매우 심한 상태를 나타낼 때 사용해요.

ふくつう
腹痛
후쿠 츠-
복통

さむけ
寒気
사무 케
오한

＋

がひどいです。
가 히 도 이 데 스
이(가) 심해요.

②

あと 그리고

あと는 '그리고'라는 뜻으로 앞에서 말한 것과 관련해서 뒤에 더 이어서 말할 때 사용해요.

あと、
아 토
그리고

＋

げ り　　で
下痢が出ます。
게 리 가 데 마 스
설사가 나요.

はなみず　　で
鼻水が出ます。
하나미즈 가 데 마 스
콧물이 나요.

📕 **새단어**

ふくつう
腹痛 후쿠츠- 명 복통 | げり
下痢 게리 명 설사 | はなみず
鼻水 하나미즈 명 콧물

1 음원을 듣고 빈칸에 들어갈 알맞은 말을 써 보세요.　🎧 **Track 19-07**

①

②

2 음원을 듣고 아래의 내용이 맞으면 O, 틀리면 X 표시해 보세요.　🎧 **Track 19-08**

① 남자는 감기에 걸렸다.

② 남자는 복통이 심하다.

3 보기를 보고 빈칸에 들어갈 알맞을 말을 찾아 써 보세요.

보기

のど　　寒気（さむけ）　　咳（せき）　　たん

①

が出（で）る

가래가 나오다

②

がする

오한이 나다

 빈칸에 들어갈 알맞은 표현을 써 보세요.

のどが痛(いた)くて、

목이 아프고 두통이 심해요.

、夜(よる)ぐっすり寝(ね)られない。

기침이 나서 밤에 푹 못 자(잘 수 없어).

 빈칸에 들어갈 알맞은 말을 쓰고 말해 보세요.

 ＿＿＿＿＿＿＿＿＿＿＿＿＿＿＿、頭痛(ずつう)がひどいです。

어제부터 목이 아프고 두통이 심해요.

＿＿＿＿＿＿＿＿＿＿＿＿＿＿。

가래가 나와요?

 はい。あと、＿＿＿＿＿＿＿＿＿。

네, 그리고 기침이 나요.

風邪(かぜ)です。三日分(みっかぶん)の薬(くすり)を＿＿＿＿＿＿＿＿＿＿。

감기예요. 3일치 약을 처방할게요.

정답 p185

20 | 다이어트

 **STEP 1** 단어 알아보 GO!

음원을 들으며 제시된 단어를 따라 읽어 보세요.

🎧 **Track 20-01**

단어	읽는 법	의미
リバウンド	리바운도	몡 요요
効果 (こうか)	코-카	몡 효과
ある	아루	동 있다
長続き (ながつづき)	나가츠즈키	몡 오래 유지함, 오래 계속함
脂肪 (しぼう)	시보-	몡 지방
へらす	헤라스	동 줄이다
ジム	지무	몡 헬스클럽
通う (かよう)	카요우	동 다니다

음원을 들으며 제시된 표현을 따라 읽어 보세요.

🎧 **Track 20-02**

① 

リバウンドする
리 바 운 도 스 루

요요가 오다

---

② 

こうか
効果がない
코- 카 가 나 이

효과가 없다

---

③ 

こうか
効果がある
코- 카 가 아 루

효과가 있다

---

④ 

ながつづ
長続きする
나가츠즈 키 스 루

오래 유지하다,
오래 계속하다

---

⑤ 

し　ぼう
脂肪をへらす
시 보- 오 헤 라 스

지방을 줄이다

---

⑥ 

かよ
ジムに通う
지 무 니 카요 -

헬스클럽에 다니다

반복 훈련하기 ☑○○○○

보통 **Track 20-03** 빠르게 **Track 20-04**

음원을 들으며 확장된 문장을 따라 읽어 보세요.

① リバウンドしたよ。
리바운 도시타요

② 食べないダイエットは効果がない。
타베나이다이 엣 토와코-카 가 나이

③ この薬は効果がある。
코 노쿠스리와 코- 카 가 아 루

④ ダイエットが長続きする方法はないかな。
다이 엣 토 가 나가츠즈키 스 루호-호-와나 이 카 나

TIP ~かなは '~려나, ~일까'라는 뜻으로 혼잣말로 의문을 나타내는 표현이에요.

⑤ 脂肪をへらすしかない。
시보-오 헤 라 스시 카 나 이

⑥ 毎日ジムに通っています。
마이니치 지 무 니 카욧 테 이 마 스

📗 **새단어**

食べないダイエット 타베나이 다이엣토 몡 굶는 다이어트 | 方法 호-호- 몡 방법

제시된 우리말을 보고 일본어로 쓰고 말해 보세요.

1 요요가 왔어.

2 굶는 다이어트는 효과가 없어.

3 이 약은 효과가 있어.

4 다이어트를 오래 유지하는 방법은 없으려나.

5 지방을 줄이는 수밖에 없어.

6 매일 헬스클럽에 다니고 있어.

다음 대화를 듣고 따라 말해 보세요.

보통 🎧 Track 20-05 빠르게 🎧 Track 20-06

미나

ショック…… リバウンドしたよ。
쇽 쿠　리바 운 도시타요
충격이야…… 요요가 왔어.

리쿠

言った じゃん 。食べないダイエットは効果がないよ。
잇 타　쟝　타 베 나 이 다이 엣 토 와 코- 카 가 나 이 요
말했잖아. 굶는 다이어트는 효과가 없어.

미나

長続きする方法はないかな。
나가 츠즈 키 스 루 호- 호- 와 나 이 카 나
오래 유지하는 방법은 없으려나.

리쿠

運動して脂肪をへらす しかない 。
운 도- 시 테 시보- 오 헤 라 스 시 카 나 이
운동해서 지방을 줄이는 수밖에 없어.

📗 새단어

ショック 쇽쿠 명 충격, 쇼크 ǀ 言う 이우 동 말하다 ǀ 運動する 운도-스루 동 운동하다

TIP 다이어트를 한다고 말은 하면서도 정작 다이어트를 못하는 사람을 万年ダイエッター라고 해요. 万年은 '만년, 아주 오랜 기간'이라는 의미가 있고, ダイエッター는 '다이어트 숭인 사람'이라는 뜻이에요.

실생활에서 접할 수 있는 여러 가지 상황을 생각하며 패턴으로 말해 보세요.

❶ ～じゃん ~잖아

～じゃん은 '～잖아'라는 뜻으로 상대방도 이미 알고 있는 내용을 다시금 확인할 때, 또는 상대방에게 주의를 줄 때도 사용할 수 있어요.

食べた
타 베 타
먹었

教えた
오시에 타
알려줬

＋

じゃん。
쟝
잖아.

❷ ～しかない ~밖에 없다

～しかない는 '～밖에 없다'라는 뜻으로 다른 방법이나 선택지가 없거나 어쩔 수 없을 때 쓰는 표현이에요.

我慢する
가 만 스 루
참는

行く
이 쿠
가는

＋

しかない。
시 카 나 이
수밖에 없어.

📗 새단어

教える 오시에루 ⑧ 가르치다 ｜ 我慢する 가만스루 ⑧ 참다

연습 문제로 실력 다지GO!

1 음원을 듣고 빈칸에 들어갈 알맞은 말을 써 보세요.　🎧 Track 20-07

①

②

2 음원을 듣고 아래의 내용이 맞으면 O, 틀리면 X 표시해 보세요.　🎧 Track 20-08

① 여자는 요요가 왔다.

② 남자는 굶는 다이어트가 효과가 있다고 생각한다.

3 보기를 보고 빈칸에 들어갈 알맞을 말을 찾아 써 보세요.

보기

リバウンド　　長続き　　効果　　へらす

① 　　　　　する

요요가 오다

② 　　　　　がある

효과가 있다

4 빈칸에 들어갈 알맞은 표현을 써 보세요.

①

この薬(くすり)は ＿＿＿＿＿＿＿＿。

이 약은 효과가 없어요.

②

＿＿＿＿＿＿＿＿ 通(かよ)っています。

매일 헬스클럽에 다니고 있어.

5 빈칸에 들어갈 알맞은 말을 쓰고 말해 보세요.

①

ショック……＿＿＿＿＿＿＿＿＿。

충격이야…… 요요가 왔어.

言(い)ったじゃん。＿＿＿＿＿＿は効果(こうか)がないよ。

말했잖아. 굶는 다이어트는 효과가 없어.

②

＿＿＿＿＿＿＿＿＿＿はないかな。

오래 유지하는 방법은 없으려나.

運動(うんどう)して＿＿＿＿＿＿＿＿＿＿。

운동해서 지방을 줄이는 수밖에 없어.

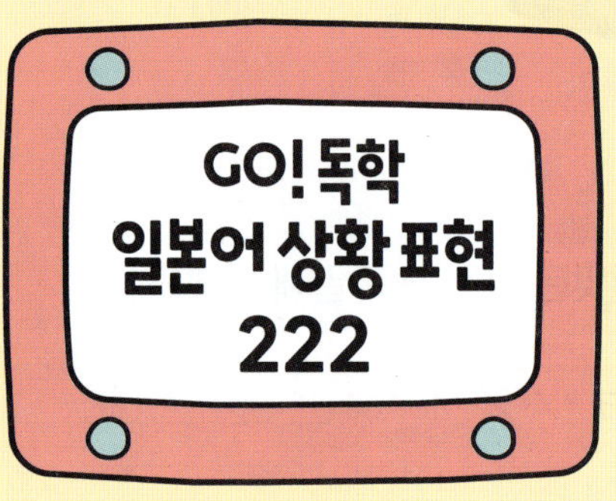
GO! 독학
일본어 상황 표현
222

부록

1 정주행

1
① このお菓子にすっかりはまってしまって。
② この映画は公開日に見たよ。

2　① X　　② ○

3　① クマ　　② すっかり

4　① 一気見しました　　② 倍速して見たよ

5
① どうしたの / 恋愛リアリティ番組
② もしかして / 早く見たくて

2 게임

1
① 少し休もうかな。
② ねー、静かにして。

2　① X　　② ○

3　① イライラ　　② ほどほどに

4　① クリアしました　　② アイテムをやっと

5
① 全然クリアできない / イライラしないで
② 課金しようかな / ほどほどにして

1
① グッズを買うつもり。
② 時間がかかるね。

2
① ✕
② ○

3
① 全通
② ペンライト

4
① 取っておきました
② 譲ってください

5
① 全通したいよ / チケットを取るの
② チケットを譲って / お金がかかる

1
① 問題になってますよね。
② 食べないでください！

2
① ○
② ✕

3
① 絶賛
② ネタバレ

4
① その映画
② 絶対禁止だよ

5
① 実写化されました / 話題になって
② 絶賛していますよ / ネタバレしないで

5 사진

1 ① どのメニューにする。

② 料理がでてきた！

2 ① ○　　　　② ✕

3 ① 記念写真　　　② サングラス

4 ① カチューシャを付ける　　② 盛れてるね

5 ① 記念写真を撮ろう / カチューシャを付ける

② カチューシャじゃなくてサングラスをかける / 写真出てきた

6 맛집

1 ① 遊びに行かない。

② サービスもいいみたい。

2 ① ✕　　　　② ○

3 ① 番組　　　② 口コミ

4 ① 遠出します　　② よだれが出るね

5 ① ご飯食べない / グルメ番組に出た

② 口コミもいいみたい

1
① 明日帰るんです。
② ダイエットしたらどうですか。

2
① X　② 〇

3
① テント　② ぼーっと

4
① 一人でキャンプ　② 車中泊できる

5
① 毎週末 / 一人でテントを張る
② 焚火をぼーっと見る / 車中泊したらどうですか

1
① 提出しなくてもいい。
② ここに座ってもいいですか。

2
① X　② X

3
① 付ける　② あげる

4
① いい思い出を作ろう　② 犬にトイレのしつけをする

5
① 愛犬と / リードを付けなくてもいいですよ
② てもいいですか

9 미팅

1
① 別れたんだって。
② 元気にしてるの。

2
① ○
② ✕

3
① 合コン
② 交換する

4
① 毎日連絡が続く
② デートに誘われました

5
① 合コンしたんだって / 連絡先を交換した
② 連絡続いてるの / 行くか悩んでる

10 썸

1
① こんなに仲がいいです。
② 早く起きないと。

2
① ○
② ✕

3
① 気持ち
② 駆け引き

4
① うまくいきますよ
② 気が合いますね

5
① うまくいってる / 初めてだよ
② 気持ちを伝えてみなよ / 駆け引きしないと

1 ① 遅刻してごめんね。

② そんなに怒らないでくれる。

2 ① ○　　② ✕

3 ① いちゃいちゃ　　② 嫉妬

4 ① 寝落ちしてごめんね　　② 抱きしめて寝ます

5 ① 通話しながら / ぎゅっと抱きしめてくれたら

② いちゃいちゃしないでくれる / 嫉妬してる

1 ① こんなに覚えるのは難しいですね。

② 遊びに行きましょう！

2 ① ✕　　② ○

3 ① 振る　　② 飲み

4 ① 見る目がないよね　　② 遠距離恋愛をする

5 ① 恋人に振られました / いい人と別れるなんて

② 難しいですね / 飲みに行きましょう

13 월급

1 ① 掃除しないといけない。

 ② ちゃんと確認しました。

2 ① ○   ② ×

3 ① 入る   ② 節約

4 ① 節約しています   ② 貯金するようにしています

5 ① 給料が入るよ / 給料が入っても節約し

 ② ごちそうするよ / ちゃんと貯金する

14 휴가

1 ① 家に帰ろうか。

 ② 旅行したい！

2 ① ○   ② ×

3 ① マッサージ   ② 満喫する

4 ① 有休を取っても   ② 爆買いする

5 ① やっと / 旅行のスケジュール

 ② ショッピングモール / マッサージも

15 회식

1 ① わーおめでとうございます。

② 撮影はだめです。

2 ① ○　　　② ✕

3 ① 売り上げ　　　② とことん

4 ① 打ち上げする　　　② これ飲まない方がいいよ

5 ① 上がりましたね / プロジェクト

② とことん飲みましょう / お酒に弱いですから

16 퇴사

1 ① 結末はどうなったの。

② 来月日本に行く予定。

2 ① ✕　　　② ○

3 ① 退職　　　② 転職

4 ① 本店に勤務する　　　② 履歴書を書いています

5 ① 面接を受けた / 来週、退職する

② おめでとう / 引っ越しする予定

17 헤어 스타일

1
① すしがいたまないですか。
② 練習をしたら大丈夫です。

2
① X
② 〇

3
① かける
② すく

4
① 髪を短く切って
② 髪がいたむよ

5
① イメチェンしたくて / パーマをかける
② 髪がいたまない / たら大丈夫です

18 퍼스널 컬러

1
① なんだか気分がいいです。
② やっぱり！何度見ても素敵！

2
① X
② 〇

3
① 血色
② 抜ける

4
① 印象が変わりましたね
② アイシャドーの色

5
① なんだか血色がいいね / 化粧変えた
② 印象が変わったよ / 私、ブルベだったよ

1 ① 腹痛がひどいです。

② あと、鼻水が出ます。

2 ① ○ ② ✕

3 ① たん ② 寒気

4 ① 頭痛がひどいです ② 咳が出て

5 ① 昨日からのどが痛くて / たんが出ますか

② 咳が出ます / 処方しますね

1 ① 教えたじゃん。

② 我慢するしかない。

2 ① ○ ② ✕

3 ① リバウンド ② 効果

4 ① 効果がありません ② 毎日ジムに

5 ① リバウンドしたよ / 食べないダイエット

② 長続きする方法 / 脂肪をへらすしかない

다음 제시된 일본어 문장을 한국어로 써 보세요.

❶ クマができてるよ！

❷ ネットフリックスで一気見しました。

❸ 早く見たくて倍速して見たよ。

❹ ゲームを全部クリアしました。

❺ そんなにイライラしないでよ。

❻ ゲームはほどほどにしてよ。

다음 제시된 한국어 문장을 일본어로 써 보고 말해 보세요.

1 다크서클이 생겼어!

2 넷플릭스로 정주행했어.

3 빨리 보고 싶어서 배속해서 봤어.

4 게임을 전부 깼어요.

5 그렇게 짜증내지 마.

6 게임은 적당히 해.

다음 제시된 일본어 문장을 한국어로 써 보세요.

⑦ コンサート全通（ぜんつう）したいよ。

⑧ チケットを取（と）っておきました。

⑨ チケットを買（か）うのはお金（かね）がかかるね。

⑩ アニメが実写化（じっしゃか）されました。

⑪ 原作者（げんさくしゃ）も絶賛（ぜっさん）していますよ。

⑫ ネタバレするのは絶対禁止（ぜったいきんし）だよ。

다음 제시된 한국어 문장을 일본어로 써 보고 말해 보세요.

7 콘서트 올콘 뛰고 싶어.

8 티켓을 사 두었어요.

9 티켓을 사는 것은 돈이 드네.

10 애니메이션이 실사화 됐어요.

11 원작자도 극찬하고 있어요.

12 스포하는 것은 절대 금지야.

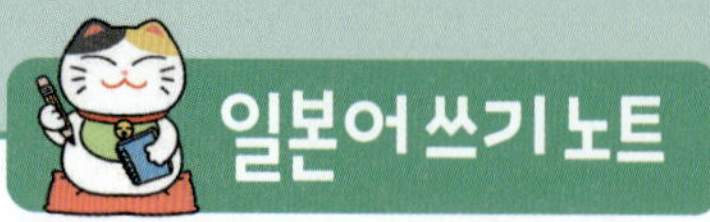

다음 제시된 일본어 문장을 한국어로 써 보세요.

⑬ 記念写真を撮ろう！

⑭ このカチューシャを付けると似合いますよ。

⑮ この写真盛れてるね！

⑯ 久しぶりに車で遠出します。

⑰ 口コミもいいみたい。

⑱ 今からよだれが出るね。

다음 제시된 한국어 문장을 일본어로 써 보고 말해 보세요.

⑬ 기념사진을 찍자!

⑭ 이 머리띠를 하면 어울려요.

⑮ 이 사진 잘 나왔네!

⑯ 오랜만에 차로 멀리 나가요.

⑰ 후기도 좋은 것 같아.

⑱ 벌써부터 군침이 도네.

다음 제시된 일본어 문장을 한국어로 써 보세요.

⑲ 一人<ruby>ひとり</ruby>でキャンプに行くんです。

⑳ 焚火<ruby>たきび</ruby>をぼーっと見<ruby>み</ruby>るのが大好<ruby>だいす</ruby>きなんです。

㉑ 車中泊<ruby>しゃちゅうはく</ruby>したらどうですか。

㉒ 最後<ruby>さいご</ruby>の夏休<ruby>なつやす</ruby>みだし、いい思<ruby>おも</ruby>い出<ruby>で</ruby>を作<ruby>つく</ruby>ろう!

㉓ リードを付<ruby>つ</ruby>けなくてもいいですよ。

㉔ おやつをあげてもいいですか。

다음 제시된 한국어 문장을 일본어로 써 보고 말해 보세요.

⑲ 혼자서 캠핑을 가요.

⑳ 모닥불을 멍하니 보는 게 너무 좋거든요.

㉑ 차박하는 게 어때요?

㉒ 마지막 여름방학이기도 하고 좋은 추억을 만들자!

㉓ 목줄을 안 매도 돼요.

㉔ 간식을 줘도 될까요?

다음 제시된 일본어 문장을 한국어로 써 보세요.

㉕ 昨日、合コンしたんだって。

㉖ 連絡先を交換した人はいるよ。

㉗ 初めてデートに誘われました。

㉘ 今回はうまくいきますよ!

㉙ 私たちなんだか気が合いますね。

㉚ こんなに気が合う人は初めてだよ。

다음 제시된 한국어 문장을 일본어로 써 보고 말해 보세요.

㉕ 어제 미팅했다면서?

㉖ 연락처를 교환한 사람은 있어.

㉗ 처음으로 데이트를 신청받았어요.

㉘ 이번에는 잘될 거예요!

㉙ 우리 왠지 마음이 잘 맞네요.

㉚ 이렇게 잘 통하는 사람은 처음이야.

다음 제시된 일본어 문장을 한국어로 써 보세요.

③① 通話しながら寝落ちしてごめんね。

③② ドラマ見ながら寝落ちしてしまいました。

③③ もしかして嫉妬してる。

③④ 昨日恋人に振られました。

③⑤ 遠距離恋愛をするのは難しいですね。

③⑥ 飲みに行きましょう!

다음 제시된 한국어 문장을 일본어로 써 보고 말해 보세요.

31 통화하다가 잠들어서 미안해.

32 드라마 보다가 잠들어 버렸어요.

33 혹시 질투하니?

34 어제 애인에게 차였어요.

35 장거리 연애를 하는 건 어렵네요.

36 술 마시러 가요!

다음 제시된 일본어 문장을 한국어로 써 보세요.

③⑦ 今日、給料が入るよ！

③⑧ あと一週間節約しないといけないよ。

③⑨ じゃあ、これは私がごちそうするよ。

④⓪ 来月有休を取ってもいいですか。

④① 旅行のスケジュールを立てようか。

④② あとでマッサージも受けよう！

다음 제시된 한국어 문장을 일본어로 써 보고 말해 보세요.

37 오늘 월급이 들어와!

38 앞으로 일주일 아껴야 해.

39 그럼 이건 내가 한턱낼게.

40 다음 달에 연차를 내도 될까요?

41 여행 스케줄을 짤까?

42 이따가 마사지도 받자!

다음 제시된 일본어 문장을 한국어로 써 보세요.

㊸ 売り上げが上がりましたね!

㊹ 今日どこで打ち上げする。

㊺ 今日はとことん飲みましょう!

㊻ 面接を受けた会社はどうなったの。

㊼ 来週、退職する。

㊽ 遠いから引っ越しする予定。

다음 제시된 한국어 문장을 일본어로 써 보고 말해 보세요.

43 매출이 올랐네요!

44 오늘 어디서 뒤풀이 할래?

45 오늘은 끝까지 마십시다!

46 면접을 본 회사는 어떻게 됐어?

47 다음 주에 퇴사해.

48 머니까 이사할 예정이야.

다음 제시된 일본어 문장을 한국어로 써 보세요.

49 髪を短く切ってイメチェンした。

50 パーマをかけるのはどうですか。

51 カラーは髪がいたむよ。

52 今日、なんだか血色がいいね！

53 パーソナルカラー診断を受けて、化粧変えた。

54 髪を切って印象が変わりましたね。

49 머리를 짧게 자르고 이미지 변신했어.

50 파마를 하는 건 어때요?

51 염색은 머리가 상해.

52 오늘 왠지 혈색이 좋네!

53 퍼스널 컬러 진단을 받고 화장 바꿨어.

54 머리를 자르고 인상이 바뀌었네요.

다음 제시된 일본어 문장을 한국어로 써 보세요.

㉟ のどが痛くて、頭痛がひどいです。

㊱ たんが出ますか。

㊲ 三日分の薬を処方しますね。

㊳ リバウンドしたよ。

㊴ 脂肪をへらすしかない。

㊵ 毎日ジムに通っています。

다음 제시된 한국어 문장을 일본어로 써 보고 말해 보세요.

55 목이 아프고 두통이 심해요.

56 가래가 나와요?

57 3일치 약을 처방할게요.

58 요요가 왔어.

59 지방을 줄이는 수밖에 없어.

60 매일 헬스클럽에 다니고 있어.

메모